民法同步习题集

任成印　田韶华　编

MINFA TONGBU XITIJI

知识产权出版社
全国百佳图书出版单位

图书在版编目（CIP）数据

民法同步习题集 / 任成印，田韶华编．—北京：知识产权出版社，2018.10
ISBN 978-7-5130-5751-6

Ⅰ．①民…　Ⅱ．①任…　②田…　Ⅲ．①民法—中国—资格考试—习题集　Ⅳ．①D923

中国版本图书馆 CIP 数据核字（2018）第 186617 号

责任编辑：齐梓伊　唱学静　　　**责任印制**：孙婷婷
封面设计：SUN 工作室　韩建文

民法同步习题集

任成印　田韶华　编

出版发行：	知识产权出版社有限责任公司	**网　　址**：	http：//www.ipph.cn
社　　址：	北京市海淀区气象路 50 号院	**邮　　编**：	100081
责编电话：	010-82000860 转 8112	**责编邮箱**：	ruixue604@163.com
发行电话：	010-82000860 转 8101/8102	**发行传真**：	010-82000893/82005070/82000270
印　　刷：	北京九州迅驰传媒文化有限公司	**经　　销**：	各大网上书店、新华书店及相关专业书店
开　　本：	720mm×1000mm　1/16	**印　　张**：	13.25
版　　次：	2018 年 10 月第 1 版	**印　　次**：	2019 年 9 月第 2 次印刷
字　　数：	220 千字	**定　　价**：	48.00 元

ISBN 978-7-5130-5751-6

序言 Preface

本书是民法学教学范式改革项目的成果之一，经过笔者和田韶华教授的共同努力，终于快要面世了。

民法学涉及的范围非常宽，其基本原理、法律规则具有很强的逻辑性和实践性。对于初学者来说，既要掌握大量的抽象概念，也要洞悉规则背后的立法旨意，还要密切联系实际生活，学会分析和解决实际问题。要实现这些教学目标，一定数量的练习是必要的。但遗憾的是，在长期的民法教学中，我们发现高质量且适合学生同步练习的习题集并不多见。笔者在美国北伊利诺伊大学访学期间，惊诧于其教材和习题编写得严谨和精深，也深感我们在这方面的差距。正是基于上述原因，借着教学范式改革项目的资助，我们决定亲自编写一本适合学生同步练习的习题集。本习题集的特点在于：一是与本科民法教学基本同步，便于学生学习；二是难易适度，既有基础题，又有具有一定难度的纵深题；三是题型多样，从多个角度训练学生对知识的掌握以及运用民法知识解决实际问题的能力；四是每道习题都有详细的解析，以帮助学生掌握民法学的重要知识点。

本书由笔者与田韶华老师共同编写。其中，第 17 章至第 24 章，第 27 章至第 33 章由笔者编写；第 1 章至第 16 章，第 25 章至第 26 章由田韶华编写。

失当之处，敬请读者指正。

任成印

2018 年 5 月

目录 Contents

第1章 民法概述

一、单项选择题

1. 在社会主义法律体系中，民法居于(　　)的地位。

A. 根本大法　　B. 基本法

C. 单行法　　D. 中间法

2. 中华人民共和国民法调整(　　)。

A. 所有的财产关系　　B. 所有的人身关系

C. 纵向的财产关系　　D. 平等主体之间的人身关系和财产关系

3. 平等原则是指民事主体在(　　)活动中的法律地位平等。

A. 经济　　B. 民事

C. 交换　　D. 日常

4. 某国驻华领事上街购物，乘坐的汽车被我国公民王某撞坏，该领事即向当地人民法院起诉，请求王某赔偿损失。本案适用(　　)。

A. 中国民法　　B. 该领事所属国民法

C. 国际惯例　　D. 第三中立国民法

5. 我国民法的下列渊源中，在空间上适用范围受到限制的是(　　)。

A. 国务院制定的行政法规、决定、命令中的民事规范

B. 国务院所属各部、委发布的命令、指示和规章中的民事规范

C. 地方各级人民代表大会和县级以上地方各级人民政府发布的决议和命令中的民事规范

D. 最高人民法院所做的有关民事问题的司法解释和有指导性的指示

6. 近代民法的代表是(　　)。

A. 罗马法　　B. 法国民法典

C. 瑞士民法典　　D. 苏俄民法典

7. 下列选项中属于“私法”范畴的是(　　)。

A. 行政法　　B. 税法

C. 婚姻家庭法　　D. 刑法

8. 民法的本位是(　　)。

A. 权利本位　　B. 义务本位

C. 权利本位和义务本位　　D. 社会本位

二、多项选择题

1. 下列各项中，不可成为我国民法渊源的有(　　)。

A. 最高人民法院《关于适用〈中华人民共和国担保法〉若干问题的解释》

B. 习惯

C. 上海市中级人民法院的民事判决

D. 某大学教授的关于精神损害赔偿的专著

2. 下列属于民法所说的财产的有(　　)。

A. 土地　　B. 汽车

C. 商标　　D. 商业秘密

3. 下列社会关系属于民法调整的人格关系的有(　　)。

A. 生命权法律关系　　B. 健康权法律关系

C. 姓名权法律关系　　D. 配偶权法律关系

4. 下列社会关系属于民法的调整对象的有(　　)。

A. 自然人甲与自然人乙之间订立的电脑买卖合同关系

B. 中国公民丙与中国公民丁之间缔结的婚姻关系

C. 甲税务机关与自然人乙之间订立的电脑买卖合同关系

D. 甲税务机关与自然人乙之间税款征收关系

5. 查士丁尼《民法大全》在罗马法典编纂方面最富成效和影响力，下列各项中属于《民法大全》组成部分的有(　　)。

A. 查士丁尼法典　　B. 学说汇纂

C. 法学阶梯　　D. 查士丁尼新律

6. 关于形式意义上的民法和实质意义上的民法，下列说法正确的有(　　)。

A. 从法律发展史上看，先有实质意义上的民法，后有形式意义上的民法

B. 现代社会，各国既有实质意义上的民法，又有形式意义上的民法

C. 形式意义上的民法能涵盖民事生活全部，有形式意义上的民法就不需要实质意义的民法

D. 实质意义上的民法不能否认形式意义上的民法，后者可以对前者归纳整理并予以体系化

7. 对于民法调整的人身关系和财产关系，下列说法不正确的有(　　)。

A. 人身关系与人身不可分离

B. 平等原则不适用于身份关系

C. 侵害人身利益的情形下刑罚保护手段更严厉，可以代替民法保护

D. 人身关系具有非财产性，所以与财产关系没有联系

三、简答题

1. 我国民法的渊源有哪些？

2. 我国民法的适用范围包括哪些？

四、论述题

1. 论民法的调整对象。

2. 论民法的性质。

答案与解析

一、单项选择题

1. B　**【解析】** 宪法是国家的根本大法，而民法、刑法、行政法等都是基本的部门法。所以民法在我国的法律体系中居于基本法的地位。故正确答案为 B。

2. D　**【解析】** 依据《中华人民共和国民法总则》（以下简称《民法总则》）第 2 条的规定，民法调整平等主体的自然人、法人和非法人组织之间的人身关系和财产关系。故正确答案为 D。

3. B　**【解析】** 依据《民法总则》第 4 条的规定：民事主体在民事活动中的法律地位一律平等。故正确答案为 B。

4. A　**【解析】** 依据《民法总则》第 12 条的规定，中华人民共和国领域内的民事活动，适用中华人民共和国法律。法律另有规定的，依照其规定。故正确答案为 A。

5. C　**【解析】** 地方性法规是指地方立法机关制定或认可的，其效力不能及于全国，只能在地方区域内发生法律效力的规范性法律文件。故正确答案为 C。

6. B　**【解析】**《法国民法典》是一部典型的近代民法典，是第一部资本主义国家和以资本主义经济制度为基础的民法典。故正确答案为 B。

7. C 【解析】民法属于私法，而刑法、行政法、税法属于公法的范畴。本题的四个选项中婚姻家庭法属于民法的一部分，故正确答案为C。

8. A 【解析】民法的基本任务是确立和保护民事权利，故权利本位是民法的本位。故正确答案为A。

二、多项选择题

1. CD 【解析】我国民法渊源有制定法和习惯（《民法总则》第10条对此予以了规定）。A系司法解释，属于制定法的范畴；B为习惯，均为我国民法的渊源，而法院的判决和学者的专著均非我国民法的渊源。

2. ABCD 【解析】在本题中，土地属于不动产，汽车属于动产，商标和商业秘密属于无形财产，均属于法律的财产范围。

3. ABC 【解析】人格关系在法律上表现为人格权关系，包括生命权、健康权、名称权、肖像权、名誉权等关系。故正确答案为ABC。

4. ABC 【解析】税务机关和自然人之间的税款征收关系非平等主体之间的财产关系和人身关系，故不为民法调整对象。故正确答案为ABC。

5. ABCD 【解析】《民法大全》由四部分组成，分别为《法典》《学说汇纂》《法学阶梯》以及《新律》。故正确答案为ABCD。

6. AD 【解析】实质意义上的民法是指所有调整平等主体的人身关系和财产关系的民事法律规范的总称；形式意义上的民法，仅指成文的以民法典命名的法律规范。并非所有的国家都有形式意义上的民法，形式意义上的民法也无法涵盖所有的民事法律关系。故正确答案为AD。

7. BCD 【解析】人身关系是与人身不可分离的社会关系，A项正确；平等原则是民法的基本原则，当然适用于身份关系，故B项错误；侵害人身关系一般情形可以由民法处理，只有严重的符合犯罪构成要件的那一部分才可以处以刑罚，但是仍然不排斥附带的民事赔偿诉讼，故C项错误；人身关系固然没有直接的财产内容，但并非与财产毫无关系，故D项错误。

三、简答题（略）

四、论述题（略）

第 2 章　民法的基本原则

一、单项选择题

1. 下列不属于民法基本原则的功能的是(　　)。

A. 指导功能　　B. 补充功能

C. 惩罚功能　　D. 约束功能

2. 下列现象中，违反民法平等原则的是(　　)。

A. 公民甲（年满 25 周岁）可以结婚，而公民乙（13 周岁）不能结婚

B. 大发公司（登记为综合类证券公司）可以从事证券经纪业务，而乙公司（登记为房地产公司）则不能从事证券经纪业务

C. 国家税务机关可以在税收征收法律关系中使用强制手段，无视纳税人的意志而依法进行税收征收

D. 某市合同管理干部认为，在本市建筑工程的招标投标中，市委领导的亲戚具有优先订立合同的权利

3. 甲、乙二人同村，宅基地毗邻。甲的宅基地倚山、地势较低，乙的宅基地在上将其环绕。乙因琐事与甲多次争吵而郁闷难解，便沿二人宅基地的边界线靠己方一侧，建起高 5 米围墙，使甲在自家院内却有身处监牢之感。乙的行为违背民法基本原则的是(　　)。

A. 平等原则　　B. 自愿原则

C. 公平原则　　D. 诚实信用原则

4. 下列各项中，违反民法自愿原则的是(　　)。

A. 赵云在服装市场上询问一件衣服的价格之后，摊主强要其购买的行为

B. 钱某与孙某自愿达成的移转抵押物占有的抵押合同不能产生抵押权设定的法律效果

C. 李某申请安装电话被要求在一份已经拟好的格式合同上签字

D. 周道（老烟民，熟知烟的价格）花 10 元钱从小贩吴法的手中购得红塔山香烟一条，经查，该烟为假烟

5. 下列行为中，不违反禁止权利滥用原则的是(　　)。

A. 甲将自己废弃不用的汽车置于马路中央的行为

B. 乙拒绝接受丁遗赠给其一台电脑的行为

C. 丙于下午在自己的房间里唱卡拉 OK 直到凌晨影响邻居休息的行为

D. 丁在自己承包的耕地上建坟的行为

6. 对合同的内容当事人可自由协商，这体现了民法的(　　)。

A. 平等原则　　B. 自愿原则

C. 公平原则　　D. 诚实信用原则

二、多项选择题

1. 下列属于我国民法基本原则的有(　　)。

A. 平等原则　　B. 绿色原则

C. 公序良俗原则　　D. 物权法定原则

2. 在民法中，平等原则主要体现在(　　)。

A. 民事主体地位平等

B. 民事权利能力平等

C. 民事权益平等地受法律保护

D. 意思自由

3. 属于违反公序良俗原则的行为有(　　)。

A. 断绝亲子关系的协议

B. 订立以实施犯罪为目的的协议

C. 以债务人的人身自由作为抵押的合同

D. 以婚外同居作为房屋赠与的附条件合同

4. 下列行为违反公平原则的有(　　)。

A. 甲以 100 元的价格购得某物后以 130 元的价格出售于乙

B. 甲趁乙处于经济困境，提出以 20 000 元购买乙的一件价值 30 000 元的古董并成交

C. 甲、乙婚后约定实行分别财产制，乙为照顾老人和孩子失去了工作，离婚时甲提出夫妻各自的财产归各自所有

D. 甲与雇主签订“死伤概不由雇主负责”的协议

三、简答题

1. 如何理解民法基本原则的含义?

2. 简述民法基本原则的功能。

四、论述题

论诚实信用原则。

答案与解析

一、单项选择题

1. C　【解析】民法的基本原则是民事主体民事活动的基本原则，能够指导民事主体据此行使权利、履行义务，同时这些基本原则具有强行法的性质，不能由当事人约定排除，对于民事主体乃至立法者、司法者的相关行为都有着约束作用，另外现行法有漏洞时也需要根据民法的基本原则进行补充。民法基本原则不具有惩罚功能。本题为选非题，故正确答案为 C。

2. D　【解析】所谓平等原则是指当事人在民事活动中地位平等，并不意味着法律对当事人从事具体行为不能设置任何限制。本题 A 项中，乙公民 13 周岁不能结婚是基于法律对法定婚龄的限制；B 项中，乙公司的经营范围为房地产，其不能从事证券经纪业务是受经营范围的限制；C 项中，税收法律关系不是民事法律关系，故不受民法调整。只有 D 项涉及违反民法的平等原则问题。

3. D　【解析】诚实信用原则要求当事人应讲信用，恪守诺言，诚实不欺，在追求自己利益的同时不损害他人和社会利益。本题中乙的行为损害了甲的利益，违反了诚实信用原则。

4. A　【解析】本题 A 项摊主强行要求购买的行为违反了自愿原则。B 项未违反自愿原则，只是当事人达成的移转抵押财产占有的合意不发生物权法上的效力问题，因其与物权法定内容不符。C 项属格式合同问题，不存在违背自愿原则的问题。D 项是知假买假的问题，不存在违反自愿原则。

5. B　【解析】本题中，A 项甲的抛弃行为损害了社会公共利益，故违反了禁止权利滥用原则；B 项中乙拒绝接受遗赠不存在损害他人利益和社会公共利益的问题，不违反禁止权利滥用原则；C 项中丙的行为严重损害他人利益，违反禁止权利滥用原则；D 项中丁的行为违反我国现行法律规定，当然也属于违反禁止权利滥用原则的行为。

6. B　【解析】合同自由是自愿原则的核心内容，而当事人可以自由决定合同内容的自由又是其题中应有之义。

二、多项选择题

1. ABC 【解析】《民法总则》第4条、第9条、第8条分别对平等原则、绿色原则、公序良俗原则予以了规定。D项系物权法的原则，并不能适用于民法的其他领域，故并非民法的基本原则。故正确答案为ABC。

2. ABC 【解析】地位平等、民事权利能力平等及民事权益受法律平等保护是平等原则在民法上的基本体现。意思自由是自愿原则的体现，并非平等原则的内容。故正确答案为ABC。

3. ABCD 【解析】公序良俗即公共秩序和善良风俗。公共秩序是社会存在和发展所必需的一般秩序，善良风俗是社会存在和发展所必需的一般道德。本题四个选项或违反家庭伦理，或侵害人身自由，或违反一般道德观念，均违反了公序良俗原则。故正确答案为ABCD。

4. BCD 【解析】所谓公平，是指民事主体之间的利益平衡。A项并不违反一般市场规则，不属于违反公平原则；B项属于显失公平；C项的离婚后果造成了对乙的严重不公平；D项对劳动者甲严重不公平。故正确答案为BCD。

三、简答题（略）

四、论述题（略）

第 3 章　民事法律关系

一、单项选择题

1. 可以引起民事法律关系产生、变更、消灭的法律事实(　　)。

A. 只能是合法行为　　B. 只能是表示行为

C. 只能是民事法律行为　　D. 可以是合法行为也可以是违法行为

2. 下列各项中，不属于民事法律关系的要素的是(　　)。

A. 主体　　B. 客体

C. 内容　　D. 形式

3. 李某因病医治无效而死亡，这在民法上属于(　　)。

A. 生活事实　　B. 偶然事实

C. 民事法律行为　　D. 事件

4. 下列情形成立民事法律关系的是(　　)。

A. 甲与乙约定某日商谈合作开发房地产事宜

B. 甲对乙说：如果你考上研究生，我就嫁给你

C. 甲不知乙不胜酒力而极力劝酒，致使乙酒精中毒住院治疗

D. 甲应同事乙之邀前往某水库游泳，因抽筋溺水身亡

5. 下列不能成为民事法律关系的客体的是(　　)。

A. 塘中的鱼　　B. 夜空中的星星

C. 不作为　　D. 企业的名称权

6. 下列选项中不属于财产法律关系的是(　　)。

A. 所有权关系　　B. 债权关系

C. 人格权关系　　D. 继承权关系

7. 下列对于民事法律关系的表述，不正确的是(　　)。

A. 主要根据当事人的意志发生

B. 以权利义务为内容

C. 均以法律明文规定而发生

D. 保障措施具有补偿性

8. 依据我国民法，下列不能成为民事法律关系主体的是(　　)。

A. 死者

B. 植物人

C. 触犯刑法正被执行刑期的人

D. 被宣告死亡但实际未死亡的人

9. 下列权利中不属于支配权的是(　　)。

A. 所有权　　B. 商标权

C. 名誉权　　D. 债权

10. 下列权利中属于形成权的是(　　)。

A. 所有权　　B. 撤销权

C. 继承权　　D. 债权

11. 下列权利不属于财产权的是(　　)。

A. 所有权　　B. 撤销权

C. 继承权　　D. 名誉权

二、多项选择题

1. 紧急避险属于(　　)。

A. 公力救济　　B. 私力救济

C. 自助行为　　D. 自卫行为

2. 下列可以作为民事法律关系主体的有(　　)。

A. 未成年人　　B. 合伙企业

C. 机关法人　　D. 国家

3. 下列民事法律关系属于绝对民事法律关系的有(　　)。

A. 物权关系　　B. 债权关系

C. 人身权关系　　D. 知识产权关系

4. 公民甲生前立有遗嘱，指明其全部财产归女儿乙继承，则该遗嘱继承法律关系的发生有赖于下列事件和行为中的(　　)。

A. 被继承人甲的死亡　　B. 乙具有完全民事行为能力

C. 乙尚未出嫁　　D. 甲所立遗嘱的合法有效

5. 下列属于民事法律关系客体的有(　　)。

A. 自然人　　B. 物

C. 智力成果　　D. 行为

6. 民事法律关系是(　　)。
A. 民事主体间发生的社会关系
B. 由民法调整和保护的社会关系
C. 由主体、客体和内容三部分构成
D. 当事人均有权利与义务的关系
7. 下列属于民事法律关系的有(　　)。
A. 甲堆木柴于乙门口致乙通行困难，乙要求甲清除木柴
B. 甲答应与乙结婚后反悔，乙要求甲履行承诺
C. 甲养的鱼因渔场出现缺口顺水游入乙的水塘，甲请求乙予以返还
D. 甲不在家，邻居乙为其接待来客
8. 下列关系中能成为我国民法调整的民事主体的有(　　)。
A. 与某企业签订购销合同的某行政机关
B. 故意打碎他人贵重花瓶的某中学生
C. 与某市场商贩发生合同纠纷的某日本留学生
D. 接收他人遗赠的5岁孩童
9. 下列行为不能够引起民事法律关系变动的有(　　)。
A. 甲酗酒开车行为
B. 甲酗酒开车撞人行为
C. 邮递员甲因将88号看成83号而错投的行为
D. 邮递员甲因错投而被公司扣除当月奖金的行为
10. 下列民事法律关系的发生是由事件引起的有(　　)。
A. 甲自杀身亡，甲子继承其遗产
B. 精神病患者甲打伤乙而产生的求偿关系
C. 甲因年满18周岁而丧失对其父的抚养费请求权
D. 甲拾得野果而取得该果的所有权
11. 下列民事法律关系的发生是由行为引起的有(　　)。
A. 海啸致甲的渔船覆没
B. 甲与乙签订买卖房屋的合同
C. 甲收养乙为养子
D. 甲在非禁渔区钓得大鲤鱼一条
12. 下列属于专属权的有(　　)。
A. 甲对自己的房屋所享有的所有权
B. 国家对自然资源享有的所有权
C. 人格权
D. 身份权

13. 关于支配权，下列表述正确的有(　　)。

A. 物权为支配权　　B. 支配权也是绝对权

C. 支配权没有相对应的义务　　D. 支配权均为财产权

三、简答题

1. 民事法律关系的特征有哪些?
2. 简述以民事权利作用为标准的民事权利的分类。
3. 民事责任的法律特征有哪些?

四、论述题

论民事责任与刑事责任、行政责任的区别。

五、案例分析题

刘星在回家的路上拾得一只名贵宠物狗，刘星将此狗带回家精心照料，同时登报寻找失主。某日，刘星牵着该狗外出散步，遇见领着10岁女儿玩耍的夏雪。于是，两人聊起天来，未顾及小孩，结果夏雪的女儿被该狗咬伤花去医药费人民币500元，并在脸上留下疤痕。夏雪要求刘星承担女儿的500元医药费，并要求赔偿其女儿被狗咬伤脸上留下疤痕的精神损害。请回答下列问题。

(1) 本案涉及哪些民事法律关系?

(2) 假设刘星应予以赔偿，那么，若刘星无力赔偿，则夏雪能否要求刘星的父母承担赔偿责任? 为什么?

答案与解析

一、单项选择题

1. D　**【解析】**行为事实作为民事法律事实中的一类，依照行为人的行为是否合法，将行为分为合法行为和违法行为。故正确答案为D。

2. D　**【解析】**民事法律关系包括主体、内容、客体三个要素。A、B、C三项均为民事法律关系的构成要素。本题为选非题。故正确答案为D。

3. D　**【解析】**事件是指与人的意志无关，能够引起民事法律后果的客观现象。人的出生、死亡、自然灾害等都能引起特定的民事法律后果，且与当事人的意志无关，李某因病医治无效死亡属于民事法律事实中的事件。故正确答案为D。

4. C 【解析】A项中，甲与乙只是约定某日“商谈”房地产开发事宜，根据这一约定，甲与乙都不负有订立合同的义务，且也不成立合同关系，故A项不当选。B项中，甲对乙的表示属于爱情的表白，不能在甲、乙间成立民事法律关系。故B项不当选。C项涉及过错侵权，甲与乙间成立过错侵权损害赔偿关系，故C项当选。D项中，因二人都是成年人，甲因抽筋溺水身亡，乙并没有实施加害行为，不构成侵权，故D项不当选。

5. B 【解析】民事法律关系的客体包括物、行为、智力成果及商业标志、人身利益和权利等。就民法上的物而言，其需具有非人身性、价值性、可支配性和有体性这几个特征。夜空中的星星不能为人力所支配，故并非民法上的物。本题为选非题，故正确答案为B。

6. C 【解析】财产法律关系是指与财产所有和财产流转相联系、具有直接物质内容的民事法律关系。财产法律关系包括所有权法律关系、他物权法律关系、合同法律关系、知识产权法律关系和继承法律关系等。故正确答案为C。

7. C 【解析】民事法律事实分为行为和非行为事实，而与当事人意志有关的行为是最重要的民事法律事实，故A项正确。民事法律关系有三要素：主体、客体和内容。其中内容就是民事权利和民事义务，故B项正确。民事法律关系作为私法关系，对其的保障措施一般不具有惩罚性而是补偿性的，故D项正确。民事法律关系既可以法律规定而发生，也可依当事人的意思而发生，故C项表述不正确。

8. A 【解析】能够充当民事法律关系主体的包括自然人和法人以及其他组织等。作为民事法律关系的主体，必须具有民事权利能力。死者不具备民事权利能力，故不能成为民事法律关系的主体。本题为选非题，故正确答案为A。

9. D 【解析】支配权是指能够直接支配客体并具有排他性的权利。物权、知识产权、人身权均属支配权，而债权则属于请求权。本题正确答案为D。

10. B 【解析】形成权是权利人依自己单方意思表示即可以使民事法律关系发生变动的权利。在这四个选项中，只有撤销权是形成权。故正确答案为B。

11. D 【解析】财产权是以财产利益为内容的权利，人身权是以人身利益为内容的权利。所有权、继承权、撤销权皆以财产利益为内容，故为财产权。名誉权为人格权，不属于财产权。本题为选非题，故正确答案为D。

二、多项选择题

1. BD 【解析】私力救济分为自卫行为和自助行为。自卫行为包括正当防卫和紧急避险两种形式。故正确答案为BD。

2. ABCD 【解析】民法承认的民事法律关系的主体主要是自然人、法人和非法人组织。A项为自然人（有无民事行为能力不影响其作为民事主体的地位），B项为非法人组织，C项为法人。国家（D项）在特殊情况下也可以作为民事主体。故正确答案为ABCD。

3. ACD 【解析】绝对法律关系是指存在于特定的权利主体和不特定的义务主体之间的权利与义务关系，如所有权关系、人身权关系、知识产权关系等。相对法律关系，是指权利人需义务人协助才能实现其权利的法律关系，其义务人是特定的当事人。债权债务关系是典型的相对法律关系。故正确答案为ACD。

4. AD 【解析】遗嘱继承关系的发生需要立遗嘱人死亡及存在合法有效的遗嘱这两个事实。至于乙是否具有完全民事行为能力或是否出嫁并非遗嘱继承产生的原因。故正确答案为AD。

5. BCD 【解析】民事法律关系的客体主要包括物、行为、智力成果、非物质利益及权利等。自然人是民事法律关系的主体，并非客体。故正确答案为BCD。

6. ABC 【解析】民事法律关系的类型不同，当事人的权利义务也不同。有的民事法律关系中当事人既有权利也有义务，如买卖合同、租赁合同关系；有的民事法律关系中当事人只有权利没有义务，如赠与合同中的受赠人。故D项是错误的。故正确答案为ABC。

7. AC 【解析】A、C两项在当事人之间均具有民事权利义务关系，故属于民事法律关系。但B、D两项并非法律调整的范围，不产生权利义务关系，故不属于民事法律关系。故正确答案为AC。

8. ABCD 【解析】民事主体包括自然人、法人和非法人组织。其中机关法人作为特别法人，在其作为民事活动参与者时是可以作为民事主体的。此外，只要具有民事权利能力即为民事主体，至于是否具有民事行为能力并非判断是否是民事主体的标准。故正确答案为ABCD。

9. AD 【解析】A项中甲醉酒驾车的行为不属于民法的调整范围，D项中邮递员与公司之间是公司内部的行政管理关系，也不属于民法的调整范围。本题为选非题，故正确答案为AD。

10. AC 【解析】事件是民事法律事实的一种，是与当事人意志无关的那些客观现象，主要有自然人死亡、自然灾害的发生、时间经过等。B、D两项均为行为，故不正确。A项中虽然自杀系一种行为，但继承关系的产生并非因自杀这一行为，而是因“死亡”这一事实，故引起继承关系产生的仍是与人的意志无关的“死亡”这一事件；C项为典型的事件。故正确答案为AC。

11. BCD　**【解析】**行为作为民事法律事实的一种，是指人有意识的活动。B、C、D三项中的民事法律关系均由人的行为即订立合同的行为、收养行为和捕鱼行为引起，但海啸（A项）与人的意志无关。故正确答案为BCD。

12. BCD　**【解析】**专属权是指专属于某特定民事主体而不得让与和继承的权利。人格权、身份权均为专属权。非专属权是指不属于某特定民事主体专有的权利。非专属权可以让与和继承。一般财产权多属非专属权，但国家所有权为专属权。故正确答案为BCD。

13. AB　**【解析】**支配权是指权利人可以直接支配权利客体，而具有排他性的权利。物权属于典型的支配权。绝对权是指可以对抗不特定人的权利，支配权也属于绝对权。故A、B两项正确。但支配权并非意味着义务主体就没有义务，其义务并非作为义务而是不作为义务。支配权也不仅仅指财产权，人格权也为支配权。故C、D两项错误。故正确答案为AB。

三、简答题（略）

四、论述题（略）

五、案例分析题

【答案要点】

（1）本案涉及的民事法律关系包括：一是刘星与失主之间关于返还小狗等权利义务的民事法律关系；二是夏雪的女儿与刘星之间因饲养动物致人损害的侵权赔偿关系；三是夏雪和其女儿之间的监护关系。

（2）不能，因为损害赔偿请求权是一种债权，是相对权，只能向特定的义务人主张，而不能向其他非义务主体主张。

第4章 自 然 人

一、单项选择题

1. 依据我国现行法规定，自然人的民事权利能力始于(　　)。

A. 受孕　　B. 出生

C. 年满8周岁　　D. 年满18周岁

2. 张飞为其孙子张小飞的出生日期犯愁。其母记得是8月27日傍晚出生，医院的出生证上记载的是8月29日，其户口簿上记载的是8月30日。依法，张小飞的出生日期为(　　)。

A. 8月27日　　B. 8月28日

C. 8月29日　　D. 8月30日

3. 依我国民法的规定，(　　)为无民事行为能力人。

A. 不满8周岁的未成年人　　B. 8周岁以下的未成年人

C. 不满10周岁的未成年人　　D. 10周岁以下的未成年人

4. 依照我国现行法，下列人中属于限制民事行为能力或者无民事行为能力的人是(　　)。

A. 张某，双耳失聪　　B. 王某，精神失常

C. 李某，高位截瘫　　D. 赵某，双目失明

5. 李小晴年龄16周岁，接受叔叔遗赠10万元，靠此款丰衣足食，李小晴(　　)。

A. 为完全民事行为能力人　　B. 视为完全民事行为能力人

C. 为限制民事行为能力人　　D. 为无民事行为能力人

6. 被监护人的(　　)担任监护人的，可以通过遗嘱指定监护人。

A. 父母　　B. 监护人

C. 祖父母　　D. 配偶

7. 依据我国《民法总则》规定，有权指定未成年人的监护人的有关组织包括(　　)。

A. 未成年人父亲所在单位

B. 未成年人母亲所在单位

C. 未成年人住所地的居民委员会

D. 未成年人住所地的学校

8. 南方某村村民甲 12 岁，父母双亡，祖父母年过 80 岁，无兄姐，其他亲属中仅有堂叔愿意也有能力担任其监护人，依法应取得(　　)同意。

A. 甲父母所在单位　　B. 人民法院

C. 甲住所地的村民委员会　　D. 祖父母

9. 依《民法总则》，监护人只有在(　　)情况下，才能处分被监护人的财产。

A. 征得被监护人的同意　　B. 经被监护人所在单位批准

C. 为维护被监护人利益　　D. 经法院判决认定

10. 关于监护，下列表述正确的是(　　)。

A. 甲委托医院照料其患精神病的配偶乙，医院是委托监护人

B. 甲幼子乙在寄宿制幼儿园期间，甲的监护职责全部转移给幼儿园

C. 甲丧夫后携幼子乙改嫁，乙的爷爷有权要求法院确定自己为乙的法定监护人

D. 市民甲、乙之子丙 5 周岁，甲、乙离婚后对谁担任丙的监护人发生争议，丙住所地的居民委员会有权指定

11. 作家岳小光是岳飞的后裔，其著有《大卖国贼秦桧》一书。秦某是秦桧的后裔，他通过研究认为，秦桧在历史上属于很有才气的宰相，并未做有损国家之事。秦某向法院起诉，请求判决岳小光侵犯秦桧的名誉权，并要求精神损害赔偿。对此，下列表述正确的是(　　)。

A. 法院应支持秦某的请求，认定岳小光侵害了秦桧的名誉权，并支持精神损害赔偿

B. 法院应支持秦某的请求，认定岳小光侵害了秦桧的名誉权，但不支持精神损害赔偿

C. 法院应支持秦某的请求，不认定岳小光侵害了秦桧的名誉权，但支持精神损害赔偿

D. 法院不支持秦某的请求，不存在侵害秦桧的名誉权

12. 小学生王某，10 岁，代表学校参加中外少儿书画大赛获一等奖，奖金 5000 元，对此下列说法正确的是(　　)。

A. 王某无权获得奖金

B. 学校获得全部奖金

C. 王某须经其法定监护人同意才可获得此奖金

D. 王某无须经其法定监护人同意即可获得此奖金

13. 甲村村民孙权，将其户口从甲村迁出，欲落到乙村，还未落到乙村，经朋友劝说，往深圳打工。深圳打工 10 个月，因工地上出现事故受伤，被送往北京某大医院治疗已达 1 年零 4 个月。依法孙权应以(　　)为住所地。

A. 甲村　　　　B. 乙村

C. 深圳　　　　D. 北京

14. 对同一自然人，有的利害关系人申请宣告死亡，有的利害关系人申请宣告失踪，对于符合宣告死亡条件的，法院应当(　　)。

A. 宣告死亡

B. 宣告失踪

C. 依利害关系人与失踪人利害关系的程度确定

D. 依利害关系人的顺序确定

15. 甲于 2012 年 2 月 1 日离家出走后失踪，其妻乙于 2016 年 7 月 3 日向法院申请宣告甲死亡，法院发出一年公告后，于 2017 年 8 月 4 日判决宣告甲死亡。则依法，甲的死亡日期为(　　)。

A. 2013 年 2 月 1 日　　　　B. 2016 年 7 月 3 日

C. 2016 年 2 月 1 日　　　　D. 2017 年 8 月 4 日

16. 因战争期间下落不明申请宣告失踪的，下列说法正确的是(　　)。

A. 自战争结束之日或者有关机关确定的下落不明之日起计算满两年

B. 自音讯消失之日满两年

C. 自音讯消失之日满一年

D. 自战争结束之日满一年

二、多项选择题

1. 甲 7 周岁，多次在国际钢琴大赛中获奖，并获得大量奖金。甲的父母乙、丙为了甲的利益，考虑到甲的奖金存放银行增值有限，遂将奖金全部购买了股票，但恰遇股市暴跌，甲的奖金损失过半。下列说法正确的有(　　)。

A. 乙、丙应对投资股票给甲造成的损失承担责任

B. 乙、丙不能随意处分甲的财产

C. 乙、丙的行为构成无因管理，无须承担责任

D. 如主张赔偿，甲对父母赔偿请求权的诉讼时效期间应自法定代理终止时起算

2. 小明是 5 周岁的未成年人，下列关于他的监护人的论述中，错误的有（　　）。

A. 如果小明的父母离婚了，他们不再是小明的法定监护人

B. 如果小明的父母离婚并且都不愿担任其监护人，人民法院应指定他们中的一个为小明的监护人

C. 如果小明父母去世，其祖父母担任其监护人是他们的法定义务

D. 如果小明父母去世且只有叔叔和姑姑，他的叔叔和姑姑可以协议担任他的监护人

3. 依《民法总则》的规定，民政部门在下列（　　）情形下担任监护人。

A. 没有依法具有监护资格的人

B. 指定监护人确定前作为临时监护人

C. 父母外出打工，农村儿童被留守家中

D. 监护人被撤销监护权

4. 监护终止的原因主要有（　　）。

A. 被监护人获得完全民事行为能力

B. 监护人或被监护人死亡

C. 监护人丧失民事行为能力

D. 监护人自行辞去监护

5. 在未成年人没有依法具有监护资格的人的情形下，监护人由（　　）担任。

A. 民政部门

B. 未成年人住所地的居民委员会或村民委员会

C. 未成年人父母所在的单位

D. 未成年人所在的学校

6. 下列（　　）可以依法向法院申请撤销监护人资格。

A. 民政部门

B. 居民委员会或村民委员会

C. 其他依法具有监护资格的人

D. 学校、医疗机构

7. 监护人有下列（　　）情形之一的，有关个人或组织可申请法院撤销其监护人资格。

A. 对被监护人实施严重家庭暴力

B. 遗弃被监护人导致被监护人处于危困状态

C. 被判处有期徒刑但拒绝将监护职责委托给他人，导致被监护人处于危困状态

D. 对被监护人实施性侵害

8. 陈小，15 周岁，系某重点大学少年科技班学生，少年早熟，平常语言老练，对生活有自己的一套想法，偶尔在网上周刊上发表文章，赚取一定的报酬，一次，骑车撞伤了人，就是用自己的稿酬 1000 元支付的医疗费。下列关于陈小的说法中，错误的有(　　)。

A. 陈小已经具有了意志能力，视为完全民事行为能力人

B. 陈小已经具有了责任能力，视为完全民事行为能力人

C. 陈小已经能够赚取相当的稿酬，视为完全民事行为能力人

D. 陈小已经达到一定年龄，具有一定识别力，为限制民事行为能力人

9. 甲，21 岁，患有间歇性精神分裂症，不能完全辨认自己的行为，常常在外惹是生非，其父母为此非常烦心，向一法律工作者求助。以下该法律工作者向甲的父母的解答中不正确的有(　　)。

A. 甲属于限制民事行为能力人

B. 甲的父母可以向人民法院申请宣告甲为限制民事行为能力人

C. 法院宣告之后，甲即不再具备民事权利能力和民事行为能力，所实施的一切行为不再发生民事法律后果

D. 甲在法院宣告之前仍视为完全民事行为能力人

10. 自然人因意外事件下落不明的，关于对其的宣告死亡，下列说法正确的有(　　)。

A. 自失去音讯之日起满 2 年可以申请宣告死亡，但经有关机关证明该自然人不可能生存的，申请宣告死亡不受 2 年时间的限制

B. 自意外事件发生之日起满 2 年可以申请宣告死亡

C. 死亡日期为法院作出判决之日

D. 死亡日期为意外事故发生之日

11. 自然人甲为一精神病人，因离家出走 2 年多，对是否申请其为宣告失踪人意见不一，下列人员及组织中，有权为申请人的有(　　)。

A. 乙，某盲人按摩院按摩师，因甲尚欠其按摩费 200 元而主张申请

B. 丙，甲之子，主张申请以保护甲的财产

C. 丁，甲之父，为甲之监护人

D. 戊，甲之叔，为机关公务员

12. 关于被宣告失踪人财产的代管，下列说法中正确的有(　　)。

A. 失踪人的配偶、父母、成年子女可以作为财产代管人

B. 其他愿意担任财产代管人的人可以作为财产代管人

C. 财产代管人因故意或者重大过失造成失踪人财产损失的，应当承担赔偿责任

D. 失踪人所欠债务，财产代管人应以自己的财产代为偿还

13. 甲、乙为夫妻，感情长期不和。2010 年 5 月 1 日甲乘火车去外地出差，在火车上失踪，没有发现其被害尸体，也没有发现其在何处下车。2016 年 6 月 5 日法院依照法定程序宣告甲死亡。关于甲被宣告死亡，下列说法正确的有(　　)。

A. 甲的继承人可以继承其财产

B. 甲、乙婚姻关系消灭，且不可能恢复

C. 2016 年 6 月 5 日为甲的死亡日期

D. 若甲并未死亡，则其在被宣告死亡期间实施的民事法律行为仍然有效

14. 张三离家出走到外省务工，一直未与家人联系。6 年后因思念家乡回到家中，得知半年前其被法院宣告死亡，其妻翠花已改嫁李某，张三与翠花的两岁女儿小美已由李某收养，闲置的住房一间被村办工厂占用，另一间翠花继承后出售给村民王五。张三撤销死亡宣告后，下列说法错误的有(　　)。

A. 请求王五返还房屋

B. 请求恢复与翠花的婚姻关系并请求法院宣告翠花与李某的婚姻无效

C. 以未经自己同意为由请求法院判令解除李某对小美的收养关系

D. 要求村办工厂归还占用的住房

15. 关于个体工商户和农村承包经营户，下列表述不正确的有(　　)。

A. 个体工商户和农村承包经营户均为独立的民事主体

B. 个体工商户和农村承包经营户并非独立的民事主体

C. 个体工商户以自己名义所欠债务，以个人财产承担

D. 农村承包经营户所欠债务，由农户成员的财产承担

三、简答题

1. 自然人民事行为能力的种类有哪些？

2. 简述成年意定监护的含义及特征。

3. 简述监护人监护职责的履行。

四、论述题

论未成年人监护人的设立。

五、案例分析题

甲今年只有17岁，在本镇的啤酒厂做临时工，每月有600元的收入。为了上班方便，甲在镇里租了一间房。7月，其未经其父母同意，欲花500元钱从乙处买一台旧彩电，此事遭到了其父母的强烈反对，但甲还是买了下来。10月，甲因患精神分裂症丧失了民事行为能力。随后其父找到乙，认为他们之间的买卖无效，要求乙返还钱款，取回彩电。请结合上述事实回答：此买卖合同是否有效？为什么？

答案与解析

一、单项选择题

1. B 【解析】根据《民法总则》第13条的规定，故正确答案为B。

2. C 【解析】根据《民法总则》第15条的规定，正确答案为C。

3. A 【解析】参见《民法总则》第20条。注意“以上”“以下”皆包括本数，故B不正确。故正确答案为A。

4. B 【解析】根据《民法总则》的规定，不能辨认自己行为或不能完全辨认自己行为的成年人为无民事行为能力人或限制民事行为能力人。本题中，A、C、D三项均为身体残疾，并非不能辨认自己的行为。故正确答案为B。

5. C 【解析】《民法总则》第18条规定：“成年人为完全民事行为能力人，可以独立实施民事法律行为。十六周岁以上的未成年人，以自己的劳动收入为主要生活来源的，视为完全民事行为能力人。”李小晴并非以自己的劳动收入为主要生活来源，所以不符合该条的规定，仍为限制民事行为能力人。故正确答案为C。

6. A 【解析】《民法总则》第29条规定，被监护人的父母担任监护人的，可以通过遗嘱指定监护人。故正确答案为A。

7. C 【解析】依照《民法总则》第31条的规定，有权指定监护人的组织是被监护人住所地的居民委员会、村民委员会或者民政部门。故正确答案为C。

8. C　【解析】本题考查自愿监护人取得监护资格的条件问题。依《民法总则》第 27 条的规定：甲的这种情况，其堂叔愿意担任监护人的，须经甲住所地的居民委员会、村民委员会或者民政部门同意。故正确答案为 C。

9. C　【解析】《民法总则》第 35 条规定：监护人应当按照最有利于被监护人的原则履行监护职责。监护人除为维护被监护人利益外，不得处分被监护人的财产。故正确答案为 C。

10. A　【解析】委托监护是经由委托合同设立的监护人，甲委托医院照料其精神病配偶，即通过合同将医院设立为委托监护人，所以 A 项正确。但在委托监护中，监护人仍然具有法定的监护职责，并非完全转移给受托人，故 B 项错误。未成年的人的父母是其法定监护人，只有在父母死亡或丧失监护能力时，才由其他有监护资格的人做监护人，故 C 项错误。即使离婚了，父母仍然是监护人，故 D 项错误。故正确答案为 A。

11. D　【解析】对于非英雄烈士等的死者的名誉、肖像、姓名、隐私等的侵害，只有死者的近亲属才有权向人民法院主张损害赔偿。秦某并非秦桧近亲属，其向法院起诉，主张恢复秦桧的名誉，人民法院不予支持。故正确答案为 D。

12. D　【解析】依《民法总则》第 22 条的规定，限制民事行为能力人可以独立实施纯获利益的民事法律行为。故正确答案为 D。

13. A　【解析】依《民法总则》第 25 条的规定，自然人以户籍登记或者其他有效身份登记记载的居所为住所；经常居所与住所不一致的，经常居所视为住所。一般而言，经常居住地是指自然人离开住所后连续居住一年以上的地方，但医院除外。自然人由户籍所在地迁出后，至迁入前，无经常居住地的，仍以其原户籍所在地为住所。故正确答案为 A。

14. A　【解析】依《民法总则》第 47 条的规定，在利害关系人对申请宣告死亡存在不同意见时，对于符合宣告死亡条件的，人民法院应当宣告死亡。故正确答案为 A。

15. D　【解析】依《民法总则》第 48 条的规定，被宣告死亡的人，人民法院宣告死亡的判决作出之日视为其死亡的日期；因意外事件下落不明宣告死亡的，意外事件发生之日视为其死亡的日期。故正确答案为 D。

16. A　【解析】参见《民法总则》第 40 条和第 41 条。

二、多项选择题

1. ABD　【解析】监护人只有在为维护被监护人利益的情形下才能够处分被监护人的财产，监护人不履行监护职责或者侵害被监护人合法权益的，应当承担法律责任。给被监护人造成财产损失的，应当赔偿损失。故A、B两项正确。父母对未成年子女有监护义务，对其财产的管理并非无因管理，故C项错误。无民事行为能力人或者限制民事行为能力人对其法定代理人的请求权的诉讼时效期间，自该法定代理终止之日起计算。故D项正确。

2. ABD 【解析】未成年人父母是未成年人的法定监护人，即使父母离婚了也不影响监护关系的存在。故A、B错误。如果未成年人的父母死亡或者失去监护能力，则依《民法总则》第27条的规定，祖父母、外祖父母及兄、姐均为负有法定监护义务的人。其他个人或组织愿意担任监护人的，需经未成年人住所地的居民委员会、村民委员会或者民政部门同意。故D项不正确。本题为选非题，故正确答案为ABD。

3. AB 【解析】依《民法总则》第32条和第31条第3款的规定，A、B两项正确。农村留守儿童和监护人被撤销监护权的情形，只有在没有依法具有监护资格的人的情形下，才由民政部门担任监护人。故正确答案为AB。

4. ABC 【解析】参见《民法总则》第39条的规定。

5. AB 【解析】依《民法总则》第32条的规定，A、B两项正确。

6. ABCD 【解析】依《民法总则》第36条第2款的规定，正确答案为ABCD。

7. ABCD 【解析】依《民法总则》第36条的规定，A、B、C、D四项的行为均属严重侵害被监护人利益的行为，可以撤销监护人的资格。故正确答案为ABCD。

8. ABC 【解析】陈小为15周岁，虽然少年老成，但仍为限制民事行为能力人，不能视为完全民事行为能力人。本题为选非题，故正确答案为ABC。

9. CD 【解析】自然人的民事权利能力始于出生终于死亡，不可剥夺和限制，故C项表述错误；无民事行为能力或限制民事行为能力是一种事实状态，法院的宣告只是加以确认，故D项表述错误。依《民法总则》第22条和第24条的规定，A、B两项正确。本题为选非题，故正确答案为CD。

10. AD 【解析】参见《民法总则》第46条及第48条的规定。

11. ABC 【解析】依《民法总则》第40条的规定，宣告失踪的申请人为失踪人的利害关系人。所谓利害关系人，是指其近亲属、对其负有监护职责的人及其他具有民事上权利义务关系的人。而所谓近亲属，包括配偶、父母、子女、兄弟姐妹、祖父母、外祖父母、孙子女、外孙子女。故乙、丙和丁有权作为申请人。戊不为近亲属，不得作为申请人，故正确答案为ABC。

12. ABC 【解析】所谓代管人代失踪人偿还债务，是指从失踪人的财产中代为偿还，而并非从代管人自己的财产中偿还。故D项不正确，正确答案为ABC。

13. AC 【解析】本题考查宣告死亡的法律后果。宣告死亡产生与自然死亡相同的后果，即继承开始，婚姻结束。但若甲重新出现的话，则经过乙的同意，二人的婚姻关系仍然可以恢复。故A项正确，B项错误。此外，依《民法总则》第48条的规定，被宣告死亡的人，人民法院宣告死亡的判决作出之日视为其死亡的日期；因意外事件下落不明宣告死亡的，意外事件发生之日视为其死亡的日期，故C项正确。至于D项，自然人被宣告死亡但是并未死亡的，不影响该自然人在被宣告死亡期间实施的民事法律行为的效力。但其实施的民事法律行为是否有效，仍需根据民事法律行为的生效要件加以判断。故正确答案为AC。

14. ABC　**【解析】**本题考查对死亡宣告被撤销后法律后果的理解。因为翠花已经再婚，依《民法总则》第51条的规定，李某不能请求恢复与翠花的婚姻关系，故B项错误。依《民法总则》第52条的规定，被宣告死亡的人撤销死亡宣告后，不得以未经本人同意为由主张收养关系无效，故C项错误。至于财产的返还，依《民法总则》第53条的规定，被撤销死亡宣告的人有权请求依照继承法取得其财产的民事主体返还财产。无法返还的，应当给予适当补偿。本题中，王五非依继承取得，而是依合法的买卖合同取得，张三无权要求王五返还，故A项错误。村办工厂占用其房屋非依法占有，故需要返还，D项正确。

15. ACD　**【解析】**从《民法总则》的规定来看，个体工商户和农村承包经营户并非独立的民事主体，而是自然人从事商业经营和农业经营的特殊形式。此外，依《民法总则》第56条的规定，A、C、D三项均不正确。

三、简答题（略）

四、论述题（略）

五、案例分析题

【答案要点】

此买卖合同完全有效。根据《民法总则》第18条的规定，16周岁以上的未成年人，以自己的劳动收入为主要生活来源的，视为完全民事行为能力人。甲已满17周岁，且以自己的劳动收入为主要生活来源，应视为完全民事行为能力人，可以独立实施民事法律行为，无须征得其父母同意。故其签订的买卖合同有效。甲丧失民事行为能力是在合同成立之后，这不影响他所订立的买卖合同的效力。故甲的父亲的诉讼请求依法不予支持。

第5章　法　　人

一、单项选择题

1. 下列组织不具有法人资格的是(　　)。

A. 北京大学法学院　　B. 国家博物馆

C. 某股份有限公司　　D. 希望工程基金会

2. 国家自然科学基金委员会在性质上属于(　　)。

A. 机关法人　　B. 社会团体法人

C. 基金会法人　　D. 事业单位法人

3. 法定代表人变更以后，原订立的合同(　　)。

A. 一律无效　　B. 应继续履行

C. 经追认后有效　　D. 部分有效

4. 营利法人终止的时间为(　　)。

A. 清算结束时　　B. 完成注销登记时

C. 被依法撤销时　　D. 被吊销营业执照时

5. 法人依法被撤销、解散、宣告破产或其他原因而进行清算时，法人(　　)。

A. 主体资格消灭，不能进行民事活动

B. 主体资格不消灭，但不能进行民事活动

C. 主体资格不消灭，仍然可以进行各种民事活动

D. 主体资格不消灭，但不能从事与清算无关的民事活动

6. 法人变更登记具有(　　)。

A. 生效效力　　B. 对抗效力

C. 生效效力或对抗效力　　D. 生效效力和对抗效力

7. 甲公司因业务发展分立成丙公司和丁公司，双方约定，原欠某银行的100万元贷款由丙公司负责偿还。后由于丙公司无力偿还该笔贷款而发生纠纷。依法，该笔贷款应(　　)。

A. 由丙公司偿还

B. 由丁公司偿还

C. 由丙公司和丁公司连带偿还

D. 由丙公司或丁公司偿还

8. 甲公司因经营不善，决定解散，其股东成立了清算小组，清算时发现乙公司尚欠甲公司货款 20 万元，如果甲公司起诉要求乙公司偿还货款，则应以(　　)为原告。

A. 甲公司　　B. 甲公司的股东

C. 清算组　　D. 甲公司及清算组

9. 关于法人的民事责任，下列说法正确的是(　　)。

A. 法人以其全部财产独立承担民事责任

B. 法人以其注册资本承担民事责任

C. 法人财产不足以清偿债务的，法人的设立人应当承担

D. 法人财产不足以清偿债务的，法人的成员应当承担

10. 某有限责任公司总部在广州，在北京、上海、南京设有三个办事处，则此公司的住所为(　　)。

A. 北京　　B. 广州

C. 上海　　D. 南京

11. 青岛某公司在北京设立一家办事处。一天，办事处负责人王某在出外因公办事时驾车不慎致人损害，须赔偿 5 万元，则该 5 万元应(　　)。

A. 由王某承担，因为是他致人损害

B. 由办事处承担，因为王某是办事处的负责人，即法定代表人，其行为视同办事处的行为

C. 由办事处承担，因为办事处是企业分支机构，具有独立的责任能力

D. 由青岛某公司承担，因为王某系青岛某公司的工作人员，其执行职务的行为应由法人承担

12. 关于法人对其法定代表人承担民事责任，下面表述正确的是(　　)。

A. 仅对法定代表人的合法行为承担责任

B. 对法定代表人以法人名义所为的行为承担责任

C. 仅对在代表权限范围内的行为承担责任

D. 仅对在经营范围内的行为承担责任

13. 甲、乙、丙发起成立一个经营建材的有限责任公司，为了成立该公司，甲、乙、丙租赁房屋和置办办公设备及雇佣人员，为此欠下大量债务。后公司未被批准。对此债务，应(　　)。

A. 由公司承担

B. 甲、乙、丙承担按份责任

C. 甲、乙、丙承担无限连带责任

D. 由公司和甲、乙、丙承担连带责任

14. 北花建筑安装公司从南都设备制造厂购进了2000只电源开关，检测后发现质量不合格。经双方协商，南都设备制造厂同意全部退货。但是北花建筑安装公司却一直没有收到退货款，于是北花建筑安装公司以南都设备制造厂为被告向法院起诉。但此时南都设备制造厂已经被光源电力设备有限公司所兼并，成为其一个生产分厂。对此债务的承担，下列说法正确的是(　　)。

A. 由南都设备制造厂承担，因为它是合同中违反合同一方

B. 由南都设备制造厂领导承担，因为合同是他同意签订的

C. 由光源电力设备有限公司承担，因为它承受了原南都设备制造厂的债权债务

D. 应该消灭，因为原合同一方已经不存在了

二、多项选择题

1. 关于法人的民事权利能力和民事行为能力，下列说法正确的有(　　)。

A. 法人的民事权利能力和民事行为能力从法人成立时产生，到法人终止时消灭

B. 法人民事权利能力和民事行为能力一律平等

C. 法人成立时具有民事权利能力，但不一定具有民事行为能力

D. 法人的民事行为能力由法人机关予以实现

2. 德胜公司注册地在萨摩国并在该国设有总部和分支机构，但主要营业机构位于中国深圳，是一家由台湾地区凯旋公司全资设立的法人企业。由于决策失误，德胜公司在中国欠下700万元债务。下列关于该笔债务责任承担的说法错误的有(　　)。

A. 该债务应以深圳主营机构以及德胜公司在萨摩国的总部和分支机构的全部财产来清偿

B. 该债务应以深圳主营机构的全部财产清偿

C. 德胜公司承担责任，凯旋公司承担连带责任

D. 德胜公司承担责任，凯旋公司承担补偿责任

3. 关于营利法人与非营利法人的区分，下列说法正确的有(　　)。

A. 营利法人系以营利为目的，非营利法人则不以营利为目的

B. 营利法人能够从事经营性活动，非营利法人不能从事经营性活动

C. 营利法人向出资人分配利润，非营利法人不向设立人、出资人分配利润

D. 营利法人解散时，其剩余财产可在股东之间予以分配；而公益目的的非营利法人解散时，其剩余财产不能向出资人予以分配

4. 下列可以取得捐助法人资格的有(　　)。

A. 某公司　　B. 某基金会

C. 某寺院　　D. 某民办养老院

5. 法人的民事权利能力受到一定的限制，因此(　　)。

A. 法人不享有受遗赠权

B. 法人从事活动应受到相关法规的限制

C. 机关法人不得从事营利性事业

D. 法人应受到其宗旨的限制

6. 下列关于法人机关的表述正确的有(　　)。

A. 法人机关无独立的人格

B. 法人的分支机构为法人机关的一种

C. 监督机关不是法人的必设机关

D. 法人机关可以是集体也可以是个人

7. 关于我国民法上法人的分类，下列表述正确的有(　　)。

A. 我国法人分为营利法人、非营利法人和特别法人

B. 营利法人和非营利法人均需经依法登记成立

C. 非营利法人均为公益法人

D. 农村集体经济组织法人为特别法人

8. 下列属于特别法人的有(　　)。

A. 农村集体经济组织法人　　B. 机关法人

C. 城镇合作经济组织法人　　D. 村委会、居委会法人

9. 有限责任公司是(　　)。

A. 社团法人　　B. 营利法人

C. 社会团体法人　　D. 私法人

10. 下列属于公益法人的有(　　)。

A. 社会团体法人　　B. 基金会法人

C. 事业单位法人　　　　　　D. 捐助法人

11. 张某为某股份公司董事长，股东会作出决议，撤销张某董事长的职务，选举乙为董事长，在进行变更登记之前，张某仍要求主持公司的董事会会议，并仍以公司的名义与丙公司签订合同。以下表述正确的有(　　)。

A. 张某有权主持公司的董事会会议

B. 张某无权主持公司的董事会会议

C. 张某以公司名义与不知情的丙公司签订的合同无效

D. 张某以公司名义与不知情的丙公司签订的合同有效

12. 关于法定代表人，下列说法正确的有(　　)。

A. 法定代表人是依法律或者法人章程的规定，代表法人行使职权的负责人

B. 法定代表人必须是正职的负责人

C. 法定代表人只能是自然人

D. 法定代表人因执行职务造成他人损害的，由法人承担民事责任，法人不能向法定代表人追偿

三、简答题

1. 简述法人的概念及特征。
2. 简述法人应具备的条件。
3. 简述非营利法人的概念和特征。

四、论述题

论法人的独立性。

五、案例分析题

2017 年，甲、乙、丙三人共同在某市设立了一家儿童制衣有限公司，公司注册资本为 60 万元。章程中载明三人的出资分别是 20 万元、15 万元和 25 万元，但实际上，三方的出资都没有缴足，总共只有价值 20 万元的生产设备和 5 万元的流动资金。甲通过欺骗手段获得出资证明办理了法人登记并领取了营业执照。公司成立后，一直运营正常，也与其他的企业签订了大量的合同，其中多数合同已经履行完毕。但是由于经营不善，公司一直都没有真正赢利。2018 年，该公司因对市场估计失策，导致严重亏损。该市布料厂前来追

讨公司所欠的50万元的债务，后起诉到法院。经查，公司与该布料厂所签合同系公司董事长甲超越代表权限所签。请回答下列问题。

（1）该公司是否具有法人资格？

（2）该合同与布料厂所签合同是否有效？

（3）该笔债务应由谁承担？

答案与解析

一、单项选择题

1. A 【解析】法人最重要的特征是独立性。北京大学法学院隶属于北京大学，不具有组织上的独立性，故并非法人。其他选项均为法人。本题为选非题，故正确答案为A。

2. D 【解析】国务院于1986年2月14日批准成立国家自然科学基金委员会，作为管理国家自然科学基金的国务院直属事业单位，所以国家自然科学基金委员会属于事业单位法人。故正确答案为D。

3. B 【解析】法定代表人履行职务订立的合同对法人是有约束力的，即使其超越权限订立的合同对法人也有约束力，法定代表人的变更不影响原代表人订立合同的效力，法人应该履行。故正确答案为B。

4. B 【解析】《民法总则》第72条第3款规定，清算结束并完成法人注销登记时，法人终止；依法不需要办理法人登记的，清算结束时，法人终止。营利法人系依法登记成立，办理注销登记后法人资格终止。故正确答案为B。

5. D 【解析】根据《民法总则》第72条第1款的规定，清算期间法人存续，但是不得从事与清算无关的活动。故正确答案为D。

6. B 【解析】根据《民法总则》第65条规定，法人的实际情况与登记的事项不一致的，不得对抗善意相对人。可知法人登记具有对抗效力。故正确答案为B。

7. C 【解析】本题涉及法人分立后的债务承担问题。依《民法总则》第67条规定，正确答案为C。

8. A 【解析】清算期间法人资格并不消灭，法人办理注销登记时法人资格方为消灭。且向乙公司追要贷款属于清算范围之内，故甲公司可以自己的名义起诉。故正确答案为A。

9. A 【解析】法人的特征之一即能够独立承担民事责任。所谓独立责任，即法人以其全部财产承担民事责任，即使其财产不足以承担，其设立人、成员等也不需要以自己的财产承担。故正确答案为A。

10. B 【解析】依《民法总则》第63条规定，法人以其主要办事机构所在地为住所。这里所指的主要办事机构是指法人总部或者总公司所在地，而办事处属于法人的分支机构。故正确答案为B。

11. D 【解析】虽然王某系办事处负责人，执行的是办事处的工作任务，但办事处只是公司的分支机构，并不具有法人资格，也不具有独立经营的资格。依《民法总则》第74条第2款的规定，该责任应由法人承担。此外，王某作为公司的工作人员，其在执行职务时产生的责任也应由法人承担。故正确答案为D。

12. B 【解析】根据《民法总则》第61条的规定，法定代表人以法人名义从事的民事活动，其法律后果由法人承受。法人章程或者法人权力机构对法定代表人代表权的限制，不得对抗善意相对人。所谓以法人名义所为的行为，既包括合法行为，也包括违法行为及越权行为。故正确答案为B。

13. C 【解析】本题涉及公司发起过程中的债务承担问题。依《民法总则》第75条规定，设立人为设立法人从事的民事活动，其法律后果由法人承受；法人未成立的，其法律后果由设立人承受，设立人为二人以上的，享有连带债权，承担连带债务。故正确答案为C。

14. C 【解析】依《民法总则》第67条规定，法人合并的，其权利和义务由合并后的法人享有和承担。本题中南都设备制造厂虽然是与北花建筑安装公司签订合同的当事人一方，但南都设备制造厂已经被光源电力设备有限公司兼并，南都设备制造厂的债权债务由光源电力设备有限公司概括承受，故其对北花建筑安装公司的债务应由光源电力设备有限公司承担。故正确答案为C。

二、多项选择题

1. AD 【解析】法人的民事权利能力和民事行为能力均自成立时产生，到终止时消灭。故法人在具有民事权利能力的同时也具有了民事行为能力。故A项正确，C项错误。法人的民事权利能力受到法人目的等的限制，故并非所有法人民事权利能力都一律平等，所以B项错误。法人作为一个社会组织，其民事权利能力由其法人机关实现。故C项正确。故正确答案为AD。

2. BCD 【解析】本题考查对法人独立责任的理解。所谓法人的独立责任，就是法人要以自己的全部财产对外清偿债务，而不是以设立人或其成员的财产去承担责任。本题中，德胜公司是一家法人企业，虽然其总部、分支机构及主营业机构所在的地方不同，但其财产都是法人德胜公司的财产，都要用来清偿公司债务，而德胜公司的财产包括深圳主营机构和萨摩国总部及分支机构的全部财产。凯旋公司为其设立人，不应对德胜公司的债务承担责任。故A项的表述正确，其余表述均错误。本题为选非题，故正确答案为BCD。

3. ACD　【解析】营利法人、非营利法人的区别并不在于能否从事经营性活动，而在于设立目的、所得利润的使用及剩余财产的分配。故B项为错误。至于公益法人终止时剩余财产的分配，依《民法总则》的规定，应当按照法人章程的规定或者权力机构的决议用于公益目的；无法按照法人章程的规定或者权力机构的决议处理的，由主管机关主持转给宗旨相同或者相近的法人，并向社会公告。故正确答案为ACD。

4. BCD　【解析】本题涉及对捐助法人的理解。依《民法总则》的规定，捐助法人是为公益目的，以捐助财产设立的法人。其包括基金会、社会服务机构，以及宗教活动场所等。故正确答案为BCD。

5. BCD　【解析】本题涉及法人民事权利能力的限制问题。法人虽为民事主体，但其民事权利能力受到相应的限制。法人不享有自然人享有的人格权和身份权，法人的民事活动受到相应法规的限制，法人的活动受到其宗旨的限制，如机关法人不能以营利为目的进行民事活动。故正确答案为BCD。

6. ACD　【解析】法人机关本身并非法人，只是法人的组成部分。法人一般有三大机关，即权力机关、执行机关和监督机关，但并非所有的法人都有这三大机关。例如，捐助法人、股份有限公司应当设监事会，但有限责任公司、社会团体法人就不要求必须设监事会。故正确答案为ACD。

7. AD　【解析】根据《民法总则》的规定，法人分为营利法人、非营利法人和特别法人。在非营利法人中有的为公益法人（如基金会法人），有的则并非以公益目的设立（如行业协会）。农村集体经济组织法人属于特别法人的一种。营利法人经依法登记成立，但非营利法人有的需要登记，有的则不需要登记。故正确答案为AD。

8. ABCD　【解析】特别法人是既不属于营利法人也不属于非营利法人的一类特殊的法人，依《民法总则》第96条的规定，四个选项均正确。故正确答案为ABCD。

9. ABD　【解析】公法人是指行使公共权力的组织，有限责任公司是民事主体，故属于私法人，D项正确。私法人中根据法人成立的基础划分为社团法人和财团法人，财团法人是以财产的集合体为基础，社团法人是以人的集合为基础，有限责任公司属于典型的社团法人，故A项正确。有限责任公司以营利为目的，故为营利法人，故B正确。但社会团体法人系以公益或会员共同利益等非营利目的设立，为非营利法人，故正确答案为ABD。

10. BCD 【解析】社会团体法人中有的是以公益目的设立的，有的则并非为公益目的，如行业协会即是为会员共同利益。故A项不正确。故正确答案为BCD。

11. BD 【解析】本题涉及未办理变更登记的效力问题。依《民法总则》第65条的规定，法人的实际情况与登记的事项不一致的，不得对抗善意相对人。在该题中，张某的董事长职务已依法定程序被撤销，是否进行变更登记并不影响股东会决议的效力，故B项正确。但由于丙公司并不知张某的董事长职务被撤销，故张某以公司名义与丙公司签订的合同有效。故正确答案为BD。

12. AC 【解析】法定代表人不一定是正职的负责人，如公司的经理也可以依章程的规定成为法定代表人，故B项错误。法人应对法定代表人的职务行为承担责任，依法律或章程的规定可向有过错的法定代表人追偿，故D项错误。

三、简答题（略）

四、论述题（略）

五、案例分析题

【答案要点】

（1）本案中的公司具有法人资格。营利法人以登记为成立要件。儿童制衣有限公司已经工商局登记注册，虽然该公司在登记过程中存在不正当手段，但公司登记注册以后，营运正常，多数合同履行完毕，不属于《中华人民共和国公司法》规定的“情况严重，应予撤销”的情形，因此，该公司具有法人资格。

（2）虽然该合同系甲超越代表权限所签，但依《民法总则》第61条第3款的规定，法人章程或者法人权力机构对法定代表人代表权的限制，不得对抗善意相对人。故在布料厂为善意时，该合同应为有效。

（3）因为本案中的公司具有法人资格，因此，其所欠布料厂50万元的债务应由公司承担。如果公司的资产不足以清偿该债务，由于该公司三股东出资不到位，三股东应负补足出资额不到位的责任。

第6章　非法人组织

一、单项选择题

1. 关于非法人组织的理解，下列表述正确的是(　　)。

A. 非法人组织是没有法人资格的组织

B. 非法人组织是没有法人资格但能够以自己名义从事民事活动的组织

C. 非法人组织不能承担民事责任

D. 非法人组织的设立人不需要对非法人组织的债务承担责任

2. 下列不属于非法人组织的是(　　)。

A. 合伙企业　　B. 个人独资企业

C. 合伙制律师事务所　　D. 清华大学法学院

3. 有限合伙人不能以(　　)出资。

A. 劳务　　B. 实物

C. 技术　　D. 土地使用权

4. 甲、乙、丙出资5万元合伙开办一家餐馆，经营期间，丙提出退伙，甲、乙同意，三方约定丙放弃一切合伙权利，也不承担合伙债务。下列选项正确的是(　　)。

A. 丙退伙后对原合伙的债务不承担责任

B. 丙退伙后对原合伙的债务仍应承担连带清偿责任

C. 丙退伙后对原合伙的债务承担补充责任

D. 丙退伙后仍应以其出资额为限对原合伙债务承担清偿责任

5. 下列有关合伙企业事务执行的表述正确的是(　　)。

A. 有限合伙企业由普通合伙人和有限合伙人执行合伙事务

B. 有限合伙企业由有限合伙人执行合伙事务

C. 普通合伙企业中合伙人对执行合伙事务享有同等的权利

D. 普通合伙企业由全体合伙人共同执行合伙事务

6. 合伙经营期间发生亏损，退伙人已分担合伙债务的，对其参加合伙期间的全部债务(　　)。

A. 不负责任　　　　　　　　　　B. 按合伙协议的约定处理

C. 负无限连带责任　　　　　　　D. 适当分担

7. 王一、李二、张三约定共同开办一家餐馆，王一出资20万元并负责日常的经营活动，李二出资10万元，张三提供家传菜肴配方，但李二和张三均只参与盈余分配而不参与经营劳动。开业两年后，餐馆亏损严重，李二撤回了出资，并要求王一和张三出具了“餐馆经营亏损与李二无关”的字据。下列选项正确的是(　　)。

A. 王一、李二为合伙人，张三不是合伙人

B. 王一、张三为合伙人，李二不是合伙人

C. 王一、李二、张三均为合伙人

D. 王一和张三所出具的字据无效

8. 甲企业是由安某与乙企业（个人独资）各出资50%设立的普通合伙企业，欠丙企业货款50万元，由于经营不善，甲企业全部资产仅剩20万元。现所欠货款到期，相关各方发生纠纷。下列表述正确的是(　　)。

A. 丙企业只能要求安某与乙企业各自承担15万元的清偿责任

B. 丙企业只能要求甲企业承担清偿责任

C. 欠款应先以甲企业的财产偿还，不足部分由安某与乙企业承担无限连带责任

D. 就乙企业对丙企业的应偿债务，乙企业投资人不承担责任

9. 普通合伙企业合伙人李某因车祸遇难，生前遗嘱指定16岁的儿子李明为其全部财产继承人。根据法律规定，下列表述中，错误的是(　　)。

A. 李明有权继承其父在合伙企业中的财产份额

B. 如其他合伙人均同意，李明可以取得有限合伙人资格

C. 如合伙协议约定合伙人必须是完全行为能力人，则李明不能成为合伙人

D. 应当待李明成年后由其本人作出其是否愿意成为合伙人的意思表示

10. 甲、乙、丙合伙经营汽车运输业务。因生意好，甲想让其弟参与合伙，乙同意，但是丙反对。甲以多数人同意为由安排丁参与经营。后合伙经营的汽车发生交通事故，造成5万元损失。四人为该5万元损失分担问题诉至法院。本案应该(　　)。

A. 由甲、乙、丁分担5万元

B. 由甲、乙、丙、丁分担5万元

C. 由甲、乙、丙分担 5 万元

D. 由甲、乙、丙承担大部分，丁承担小部分

11. 甲、乙、丙、丁 4 人组成一个运输有限合伙企业，合伙协议规定甲、乙为普通合伙人，丙、丁为有限合伙人。某日，丁为合伙企业运送石材，路遇法院拍卖房屋，丁想替合伙企业竞买该房，于是以合伙企业的名义将石材质押给徐某，借得 20 万元，竞买了房子。若徐某的债权得不到实现，且合伙企业的财产不足以清偿债务，则徐某(　　)。

A. 应当要求丁承担清偿责任

B. 应当要求甲、乙、丙、丁承担连带清偿责任

C. 应当要求甲、乙承担连带清偿责任

D. 应当要求甲、乙、丁承担连带清偿责任

二、多项选择题

1. 甲、乙、丙欲成立一普通合伙企业，则下列关于其设立程序与条件的说法中，正确的有(　　)。

A. 甲、乙可以是自然人，也可以是法人或者其他组织

B. 三者必须签订书面合伙协议

C. 可以货币、实物、土地使用权、知识产权或者其他财产权利出资，但不得以劳务出资

D. 合伙企业名称中应当标明“普通合伙”字样

2. 关于普通合伙的入伙，下列表述正确的有(　　)。

A. 入伙需经全体合伙人同意

B. 入伙人与其他合伙人享有同等权利，合伙协议另有约定的除外

C. 新入伙人要对其入伙前合伙企业所欠债务承担无限连带责任，合伙协议另有约定的除外

D. 新入伙人不能执行合伙事务

3. 王某以个人名义兴办了一个木制品加工厂，在申请设立企业登记时明确以其家庭共有财产作为个人出资，下列观点，正确的有(　　)。

A. 该加工厂为个人独资企业

B. 该加工厂实为合伙企业

C. 王某应以个人财产对企业债务承担无限责任

D. 王某应以家庭共有财产对企业债务承担无限责任

4. 甲、乙、丙三人各自出资10万元、6万元、4万元合伙从事汽车零配件经营，其间因经营管理不善，对丁负债10万元，丙遂退出合伙，并拿出1万元由甲、乙代为偿还对丁的债务。现在丁(　　)。

A. 可以分别向甲、乙、丙三人要求偿还5万元、3万元、2万元

B. 只能要求丙偿还1万元，其余部分向甲、乙追偿

C. 可以只向甲或乙要求偿还全部10万元，但不能要求丙单独偿还10万元

D. 可以向甲、乙、丙中任何一人要求偿还10万元

5. 对于合伙企业的债务，合伙人对外承担连带责任，对内则(　　)。

A. 按照合伙人协议约定的债务承担比例分担债务

B. 没有约定债务承担比例的，可按出资比例分担债务

C. 没有约定债务分担比例的，应由合伙人平摊债务

D. 没有约定债务承担比例的，由合伙人协商确定，协商不成的，按实缴出资比例，无法确定出资比例的，应由合伙人平均分担

6. 根据我国法律，(　　)不得成为普通合伙人。

A. 国有独资公司

B. 国有企业

C. 上市公司

D. 公益性的事业单位、社会团体

7. 关于合伙人性质转变的特殊规定，下列表述正确的有(　　)。

A. 除合伙协议另有约定外，普通合伙人转变为有限合伙人，或者有限合伙人转变为普通合伙人，应当经全体合伙人一致同意

B. 有限合伙人转变为普通合伙人的，对其作为有限合伙人期间有限合伙企业发生的债务承担无限连带责任

C. 普通合伙人转变为有限合伙人的，对其作为普通合伙人期间合伙企业发生的债务承担无限连带责任

D. 普通合伙人转变为有限合伙人的，对其作为普通合伙人期间合伙企业发生的债务承担有限责任

8. 张某和李某共同出资设立一合伙企业，他们共同出资20万元，一年后获得经营利润2万元，还获赠一台电脑。那么，下列说法中错误的有(　　)。

A. 该20万元出资和2万元利润属于合伙企业的财产

B. 获赠的电脑不属于出资，也不属于营业所得，但仍属合伙企业财产

C. 张某欲向王某转让其在合伙企业中的一半财产份额，只需通知李某

D. 张某以其在合伙企业中的财产份额出质而未取得李某的同意，该出质行为有效

9. 根据《合伙企业法》的规定，下列(　　)情况下，当事人退伙。

A. 经全体合伙人一致同意，甲从合伙企业中退伙

B. 乙未履行出资义务，被其他合伙人除名

C. 丙个人丧失偿债能力

D. 合伙协议未约定合伙期限的，在不给合伙事务执行造成不利影响的情况下，丁提前 30 日通知其他合伙人退伙

10. 某律师事务所登记为特殊的普通合伙企业，其合伙人之一王某在一次执业过程中因重大过失给客户造成损失，下列说法中正确的有(　　)。

A. 对由此形成的律师事务所的债务，由王某对该债务承担无限责任

B. 该损失应由王某一人独立承担

C. 其他合伙人对由此形成的律师事务所的债务，以其在合伙企业中的财产份额为限承担责任

D. 律师事务所对此承担责任以后，王某应按照合伙协议的约定对给律师事务所造成的损失承担赔偿责任

11. 赵某和钱某经口头协议，共同出资在闹市区租门面房合伙经营服装店，并约定赵某为合伙负责人。不久，二人同意房主孙某将门面房折价两万元加入合伙，但不参加经营，只每半年收取经营收益的 10%。后赵某独自决定进了一批童装，销售情况不佳，童装厂催款。下列说法不正确的有(　　)。

A. 赵、钱、孙之间成立合伙关系，故须连带承担还款义务

B. 孙某没有参加合伙的经营，应当认定合伙无效，不承担还款责任

C. 赵某一人执行合伙事务，没有征得其他合伙人的同意，其行为后果由赵某一人承担

D. 孙某应以其所得收益为限对合伙债务承担连带责任

三、简答题

1. 简述非法人组织的概念及特征。

2. 简述法人与合伙的区别。

四、论述题

论合伙企业债务的承担。

五、案例分析题

某年5月，甲、乙、丙、丁4人自愿组成一个合伙企业经营采石业务，并推举甲为负责人。合伙协议约定甲只有权对外签订金额在5万元以内的合同。同年7月，因购置器材甲以合伙的名义与旭日公司签订标的额为7万元的合同，但一直未给付价金。数月后，戊要求入伙，经甲、乙、丙、丁全体同意，戊也加入了合伙。此后，5人进行了2次分红。当年10月某日，5人在某工地进行爆破采石时，按照分工，由乙、丙、丁担任警戒，戊负责爆破，甲予以协助。因炮眼有渗水，戊决定采取先装导火索后装炸药的危险爆破法，甲说这样太危险，戊说只能这样了。为了赶时间，甲只好默认。当戊向炮眼装第四节炸药时，炸药爆炸，戊被炸伤双眼，经医治无效，左眼失明，并花去医药费近1万元。戊要求甲、乙、丙、丁赔偿其损失并承担生活费，被拒绝，戊诉至法院。与此同时，旭日公司也要求合伙给付价金，乙、丙、丁、戊四人以甲越权为由拒绝支付。旭日公司也向法院起诉。请回答下列问题。

（1）试分析甲、乙、丙、丁、戊之间的法律关系。

（2）戊的损害应由何人承担责任？为什么？

（3）所欠旭日公司的债务应如何偿还？为什么？

答案与解析

一、单项选择题

1. B　**【解析】**依《民法总则》第102条的规定，非法人组织是不具有法人资格但能够以自己的名义从事民事活动的组织；依第104条的规定，非法人组织的债务，应先由非法人组织的财产承担责任，不足部分由其设立人或出资人承担无限连带责任。故正确答案为B。

2. D　**【解析】**清华大学法学院虽然不具有法人资格，但不能以自己的名义进行民事活动，故并非非法人组织。其他三个选项均正确。本题为选非题，故正确答案为D。

3. A　【解析】有限合伙人不能以劳务出资，故正确答案为A。

4. B　【解析】虽然本题中丙提出退伙，三方协议约定丙不承担合伙债务，但只要债务发生在丙参加合伙期间，其作为普通合伙人就应当对合伙的债务承担无限连带责任，当事人之间的约定只在内部有效。故正确答案为B。

5. C　【解析】有限合伙人不执行合伙事务，不能对外代表合伙企业；普通合伙企业中合伙人对执行合伙事务享有同等的权利，但可以委托一名或数名合伙人执行合伙事务，并非一定要全体合伙人执行合伙事务，故正确答案为C。

6. C　【解析】本题考查的知识点是退伙、合伙债务的承担。普通合伙人对合伙债务应承担无限连带责任。即使退伙时退伙人已经合理分担了债务，也不能免除其对外应当承担的无限连带责任。故正确答案为C。

7. C　【解析】合伙是共同出资、经营共同事业的组织。其中出资的方式较为灵活，货币、实物、知识产权、土地使用权及财产性权利、劳务均可用以出资，且并不要求合伙人必须参加经营。故C项正确。普通合伙人对合伙的债务应承担无限连带责任，故其内部所做的李二不承担责任的约定对于债权人而言并无效力，但在其内部仍可认定为有效，故D项错误。故正确答案为C。

8. C　【解析】依《民法总则》和《中华人民共和国合伙企业法》（以下简称《合伙企业法》）的规定，合伙企业对其债务，应先以其全部财产进行清偿。合伙企业不能清偿到期债务的，合伙人承担无限连带责任。所以A、B两项错误，C项正确。由于个人独资企业为非法人组织，其投资人应对个人独资企业的债务承担无限连带责任，所以D项错误。故正确答案为C。

9. D　【解析】继承人只能继承合伙人的财产份额，若要取得合伙人的资格，需依合伙协议或经全体合伙人的同意。继承人为无民事行为能力人或者限制民事行为能力人的，经全体合伙人一致同意，可以依法成为有限合伙人，普通合伙企业依法转为有限合伙企业。本题为选非题，故正确答案为D。

10. C　【解析】《合伙企业法》第43条第1款规定，入伙应具备的条件之一是须经全体合伙人的同意，本题中丙反对，故丁不是合伙人，不分担合伙企业的损失。故正确答案为C。

11. D　【解析】丁为有限合伙人，不能执行合伙事务，但其以普通合伙人的身份与徐某进行交易，依《合伙企业法》第76条的规定，第三人有理由相信有限合伙人为普通合伙人并与其交易的，该有限合伙人对该笔交易承担与普通合伙人同样的责任。故丁应对该笔债务承担无限连带责任。而甲、乙作为普通合伙人也应当承担无限连带责任，丙作为有限合伙人不需要承担无限连带责任。故正确答案为D。

二、多项选择题

1. ABD 【解析】本题考查合伙企业设立的程序和条件，法条依据主要是《合伙企业法》第14条至第17条。普通合伙人可以以劳务出资，故C项错误。故正确答案为ABD。

2. AB 【解析】新入伙人要对其入伙前合伙企业所欠债务承担无限连带责任，这是由其普通合伙人的身份决定的，是强制性规定，不允许合伙人约定免除。除非合伙协议另有约定，入伙人与其他合伙人享有同等权利，当然也可以执行合伙事务。故C、D两项的表述错误。故正确答案为AB。

3. AD 【解析】本题涉及个人独资企业的认定和责任承担问题。依照《中华人民共和国个人独资企业法》（以下简称《个人独资企业法》）的规定，个人独资企业既可以以个人财产出资，也可以以家庭共有财产出资，以家庭共有财产出资的，以家庭共有财产承担无限责任。故正确答案为AD。

4. AD 【解析】《合伙企业法》第53条规定，退伙人对基于其退伙前的原因发生的合伙企业债务，承担无限连带责任。因此无论退伙人是否在退伙时支付了其自己应当承担的债务都必须对其退伙前合伙企业所负的债务承担连带责任。而所谓连带责任即是指权利人可以向其中任何一个人请求全部或部分清偿，故正确答案为AD。

5. AD 【解析】根据《合伙企业法》第33条的规定，合伙企业的利润分配、亏损分担，按照合伙协议的约定办理；合伙协议未约定或者约定不明确的，由合伙人协商决定；协商不成的，由合伙人按照实缴出资比例分配、分担；无法确定出资比例的，由合伙人平均分配、分担。故正确答案为AD。

6. ABCD 【解析】根据《合伙企业法》第3条的规定，国有独资公司、国有企业、上市公司以及公益性的事业单位、社会团体不得成为普通合伙人。故正确答案为ABCD。

7. ABC 【解析】参见《合伙企业法》第82、83、84条。故正确答案为ABC。

8. CD 【解析】本题考查合伙企业的财产及其处分。《合伙企业法》第20条规定，合伙人的出资、以合伙企业名义取得的收益和依法取得的其他财产，均为合伙企业的财产，故A、B两项正确。合伙人向合伙人以外的人转让其财产份额的，应当事先取得其他合伙人的一致同意，故C项错误。合伙人以其财产份额向合伙人以外的人出质，应经其他合伙人一致同意，未经一致同意的，该出质行为无效，但由此给善意第三人造成损失的，由行为人承担赔偿责任，故D项错误。本题为选非题，故正确答案为CD。

9. ABCD　【解析】本题考查合伙人的退伙，包括声明退伙、法定退伙两种，本题的法律依据是《合伙企业法》第 45、46、48、49 条。故正确答案为 ABCD。

10. ACD　【解析】本题考查特殊的普通合伙企业的债务承担。依《合伙企业法》第 57、58 条的规定，特殊的普通合伙企业的债务，在一个或数个合伙人因故意或重大过失造成的情形下，先由合伙企业的财产承担责任，不足部分，由有故意或重大过失的合伙人承担无限或无限连带责任，其他合伙人以其在合伙企业中的财产份额承担责任。合伙企业财产对外承担责任后，该合伙人应当按照合伙协议的约定对给合伙企业造成的损失承担赔偿责任。故正确答案为 ACD。

11. BCD　【解析】赵、钱二人共同出资经营服装店，已成立合伙关系，孙某经二人同意入伙，入伙有效。故三人应对合伙的债务承担无限连带责任。赵某执行合伙事务，其以合伙名义所为的行为效力及于合伙及其他合伙人。故 B、C、D 三项的表述错误。本题为选非题，故正确答案为 BCD。

三、简答题（略）

四、论述题（略）

五、案例分析题

【答案要点】

（1）甲、乙、丙、丁四人成立合伙关系；戊入伙有效。

（2）根据法律规定，合伙的经营活动由全体合伙人承担责任。此案中，5 人在某工地进行爆破采石的行为属于合伙的行为，其中戊的装炸药的行为是为合伙之利益，由此造成的后果应由全体合伙人承担。戊因被炸伤双眼而支出的 1 万元医药费应当由合伙企业承担，不足部分，由全体合伙人承担无限连带责任。但由于戊对于事故的发生负有主要责任，其自己也应承担一定的责任。

（3）甲的行为虽属越权，但合伙对于合伙负责人以外的权限限制不能对抗善意相对人，故该合同对于合伙企业有效。合伙人应对该笔债务承担无限连带责任。此外，因戊入伙有效，其对入伙前的合伙企业的债务也应承担无限连带责任。

第 7 章　民事法律关系客体

一、单项选择题

1. 依照我国现行法和司法实践，下列财产中属于不动产的是(　　)。

A. 为卖书而临时搭建的书棚　　B. 田中的稻子

C. 林木　　D. 水库中的鱼

2. 下列各物中，属于法定孳息的是(　　)。

A. 果实　　B. 银行存款利息

C. 生产经营的利润　　D. 买卖的价金

3. 下列物中，属于主物与从物关系的是(　　)。

A. 甲的汽车与乙的拖斗　　B. 乙的电脑与 U 盘

C. 丁的上衣与裤子　　D. 戊的船舶与船桨

4. 下列不属于限制流通物的是(　　)。

A. 矿藏　　B. 毒品

C. 书稿　　D. 文物

5. 手机属于(　　)。

A. 单一物　　B. 合成物

C. 集合物　　D. 可分物

二、多项选择题

1. 下列可以成为民事法律关系客体的有(　　)。

A. 个人信息　　B. 权利

C. 有价证券　　D. 网络虚拟财产

2. 下列不属于民法上的物的有(　　)。

A. 镶在嘴里的金牙　　B. 池塘中的鱼

C. 商标　　D. 日月星辰

3. 货币属于(　　)。

A. 流通物　　B. 消耗物

C. 合成物　　　　　　　　D. 限制流通物

4. 下列物中，(　　)应归国家所有。

A. 甲从垃圾堆里捡回一件旧棉衣

B. 乙在田间劳作，捡回一只撞树而亡的野兔

C. 丙在耕作土地时，发现一坛所有人不明的银圆

D. 丁在游泳时捡到一只手表，上缴公共机关公告招领，期满而无人认领

5. 下列不属于原物与孳息关系的有(　　)。

A. 母鸡与其生下的鸡蛋　　　　B. 鸡蛋与孵出的小鸡

C. 母鸡与出售其所获得的价金　　D. 羊与其身上的羊毛

三、简答题

1. 简述民法上的物的特征。
2. 简述原物与孳息区分的法律意义。
3. 简述特定物与种类物区分的法律意义。

四、论述题

论动产与不动产区分的法律意义。

答案与解析

一、单项选择题

1. C　**【解析】**不动产是指依自然性质或法律规定不可移动的财产，包括土地以及房屋等土地定着物。其中土地定着物应具有独立性、依附性以及持续性的特征。A 项为临时搭建，B 项为土地的一部分，D 项为动产，均不符合不动产的特征。林木在我国为独立的不动产，故正确答案为 C。

2. B　**【解析】**本题涉及法定孳息的理解问题。法定孳息是指因法律规定而取得的对原物的收益。果实为自然孳息，买卖的价金为所有物的转移，利润并非使用原物的收益，并非孳息。银行利息、租金为典型的孳息。故正确答案为 B。

3. D　**【解析】**根据两个独立存在的物在用途上客观存在的主从关系，把物分为主物与从物。同属一人所有的两个独立存在的物，结合起来才能发挥经济

效益，且在交易时认为构成主从关系的，才构成主物和从物关系。故正确答案为 D。

4. C 【解析】限制流通物是指法律对其流转给予一定程度限制或禁止流转的物。A 项属于专属国家所有的财产，不得流转。B、D 两项属于流转受到限制的物。本题为选非题，故正确答案为 C。

5. B 【解析】手机系由多个单一物构成，故为合成物。手机在物理上不能分割，故并非可分物。故正确答案为 B。

二、多项选择题

1. ABCD 【解析】民事法律关系客体是指民事权利义务所指向的对象，A、B、C、D 四项所列均为民事法律关系的客体。此外，还包括物、非物质利益、行为等。故正确答案为 ABCD。

2. ACD 【解析】民法上的物是指人身之外可以由民事权利主体支配的，能够满足人们需要的特质客体。A 项中，嘴里的金牙与人体结合，是人身体的一部分，不属于存在于人身之外的物；C 项商标不属于有体物，将其印刷在产品或宣传单上只是以有形的载体来表现商标这一智力成果；D 项中，天上的星星不能为人所实际控制或支配。本题为选非题，故正确答案为 ACD。

3. AB 【解析】货币属于典型的流通物，在其上只能成立消费借贷而不能成立使用借贷，属于典型的消耗物。属于单一物而非合成物。故正确答案为 AB。

4. CD 【解析】本题涉及无主物归国家所有的问题。甲从垃圾堆里捡回一件旧棉衣，乙在田间劳作，捡回一只撞树而亡的野兔，甲、乙均可依据先占取得所有权。所有人不明的银圆、招领期已过的拾得物均为无主物归国家所有。故正确答案为 CD。

5. BCD 【解析】孳息是使用原物所产生的收益。原物与孳息均具有独立性。B 项中鸡蛋不复存在，C 项中并非使用原物的收益，D 项中的羊毛不具有独立性，故均不正确。本题为选非题，故正确答案为 BCD。

三、简答题（略）

四、论述题（略）

第 8 章　民事法律行为

一、单项选择题

1. 下列属于民事法律行为的是(　　)。

A. 甲拾得乙遗失的手表　　B. 甲与乙签订买卖房屋的合同

C. 甲答应请乙吃饭　　D. 甲因报复将乙打伤

2. 下列意思表示中，不属于有相对人的意思表示的是(　　)。

A. 悬赏广告　　B. 债务免除

C. 代理权的授予　　D. 遗嘱行为

3. 甲向乙发一信函，内容为欲购买乙生产的 500 辆自行车，则该意思表示的生效时间为(　　)。

A. 甲发出信函时　　B. 信函到达乙处时

C. 乙了解信函内容时　　D. 乙对甲答复时

4. 甲与乙面对面洽谈合作事宜，甲表示欲购买乙生产的 500 辆自行车，则该意思表示生效的时间为(　　)。

A. 甲作出意思表示时　　B. 乙听到该意思表示时

C. 乙了解意思表示的内容时　　D. 乙对甲答复时

5. 甲向乙发一信函，内容为欲购买乙生产的 500 辆自行车，并写明若乙在 10 天内未答复，即视为同意。乙收到后未予答复，则(　　)。

A. 乙的沉默依法可视为同意　　B. 乙的沉默依甲的信函可视为同意

C. 乙的沉默不能视为同意　　D. 甲、乙之间的合同成立但尚未生效

6. 有关无效民事法律行为的效力，下列说法正确的是(　　)。

A. 无效民事法律行为自行为成立时无效

B. 无效民事法律行为自法院判决时无效

C. 无效民事法律行为须经当事人请求方为无效

D. 无效民事法律行为是不发生任何法律后果的行为

7. 甲以 23 万元的价格将一辆机动车卖给乙。该车因里程表故障显示行驶里程为 4 万公里，但实际行驶了 8 万公里，市值为 16 万元。甲明知有误，却

未向乙说明，乙误以为真。乙的下列请求错误的是(　　)。

A. 以欺诈为由请求法院撤销合同

B. 以违反瑕疵担保义务为由请求甲承担违约责任

C. 以重大误解为由，致函甲请求撤销合同，合同自该函到达甲时即被撤销

D. 请求甲承担损害赔偿责任

8. 关于效力待定民事法律行为，下列表述正确的是(　　)。

A. 小花（7 岁）购买价值 300 元的游戏机是效力待定的民事法律行为

B. 效力待定民事法律行为自追认权人追认时有效

C. 小曹（12 岁）与当代商城签订的购买一款价值 2800 元的手机的合同是效力待定民事法律行为

D. 效力待定民事法律行为中，相对人有撤销权

9. 下列(　　)情形下，甲对乙不构成胁迫。

A. 甲说，如不出借 1 万元，则举报乙犯罪。乙照办，后查实乙构成犯罪

B. 甲说，如不将藏獒卖给甲，则举报乙犯罪。乙照办，后查实乙不构成犯罪

C. 甲说，如不购甲即将报废的汽车，将公开乙的个人隐私。乙照办

D. 甲说，如不赔偿乙撞伤甲的医疗费，则举报乙醉酒驾车。乙照办，甲取得医疗费和慰问金

10. 甲教授举办学术讲座时，在礼堂外的张贴栏中公告其一部新著的书名及价格，告知有意购买者在门口的签字簿上签名。学生乙未留意该公告，以为签字簿是为签到而设，遂在上面签名，则(　　)。

A. 乙的行为可推定为购买甲新著的意思表示

B. 乙的行为构成重大误解，在此基础上成立的买卖合同可撤销

C. 甲的行为属于要约，乙的行为属于附条件的承诺，二者之间成立买卖合同，但是需乙最后确认

D. 乙的行为并非意思表示，在甲乙之间并未成立买卖合同

11. 某县政府为鼓励县属酒厂多创税利，县长与酒厂厂长签订合同约定：酒厂如果完成年度税收 100 万元的指标，第二年厂长和全厂的职工都可以加两级工资。该合同属于（　　）。

A. 双方民事法律行为　　B. 无效民事行为

C. 附条件民事行为　　D. 不属于民事法律行为

12. 甲与房地产开发商乙签订了一份商品房买卖合同，乙提出，为少交契税建议将部分购房款算作装修费用，甲未表示反对。后发生纠纷，甲以所付装修费用远远高于装修标准为由，请求法院对装修费用予以变更。该装修费用条款效力应认定为(　　)。

A. 双方当事人真实意思表示，有效

B. 显失公平，可撤销

C. 虚假意思表示，无效

D. 违反法律禁止性规定，无效

13. 下列(　　)情形构成重大误解，属于可撤销的民事法律行为。

A. 甲误以为房屋会涨价而购买，结果购买后房屋价格下降

B. 甲装修房屋，误以为乙的地砖为自家所有，并予以使用

C. 甲入住乙宾馆，误以为乙宾馆提供的茶叶是无偿的，并予以使用

D. 甲要购买电动车，误以为精神病人乙是完全民事行为能力人，并与之签订买卖合同

14. 甲因重大误解签订一买卖合同，则关于其撤销权行使的期间，下列说法正确的是(　　)。

A. 甲应当自合同成立时一年内行使

B. 甲应当自知道或应当知道具有重大误解事由之日起一年内行使

C. 甲应当自知道或应当知道具有重大误解事由之日起三个月内行使

D. 如果甲自合同成立时起三年内没有行使撤销权，则撤销权消灭

15. 装修公司甲在完成一项工程后，将剩余的木地板厨卫用具等卖给了物业管理公司乙。但甲营业执照上的核准经营范围并无销售木地板、厨卫用具等业务。甲、乙的买卖行为(　　)。

A. 属于有效的法律行为　　B. 属于无效的民事行为

C. 属于可撤销的民事行为　　D. 属于效力待定的民事行为

16. 下列民事法律行为中所附条件有效的是(　　)。

A. 甲向乙借钱，乙说：太平洋的水枯竭了，我便借给你

B. 甲隐瞒自己已得奖学金的事实，与乙约定如果自己得了奖学金，乙便赠与其 1 万元

C. 甲和乙订立房屋买卖合同，约定只有办理了过户登记，所有权才转移

D. 甲和乙约定如果明年甲从外地调回，乙即将房屋出售于他

17. 甲和乙相约甲结婚时，乙将自己的一套住房租给甲。该行为是(　　)。

A. 附期限的法律行为　　B. 附条件的法律行为

C. 附始期的法律行为　　D. 附终期的法律行为

二、多项选择题

1. 下列属于事实行为的有(　　)。

A. 无因管理行为　　B. 正当防卫行为

C. 紧急避险行为　　D. 决议行为

2. 下列构成意思表示的有(　　)。

A. 甲对乙说：我儿子如果考上重点大学，我一定请你喝酒

B. 潘某在寻物启事中称，愿向送还失物者付酬金 500 元

C. 甲向乙发信欲以 60 万元购买乙的一套房屋

D. 何某向一台自动售货机投币购买饮料

3. 下列属于单方民事法律行为的有(　　)。

A. 授权行为　　B. 遗赠行为

C. 赠与　　D. 买卖

4. 关于可撤销民事法律行为，下列说法正确的有(　　)。

A. 可撤销民事法律行为成立后并未生效

B. 可撤销民事法律行为只能通过法院或仲裁机构予以撤销

C. 可撤销民事法律行为被撤销后自始无效

D. 撤销权人明确表明放弃撤销权的，撤销权消灭

5. 王某与张某签订了一份书面合同，约定由王某在签约后 3 日借给张某 2 万元，张某于半年后偿还该 2 万元并支付利息，该行为属于(　　)。

A. 有偿民事法律行为　　B. 无偿民事法律行为

C. 诺成民事法律行为　　D. 实践民事法律行为

6. 下列属于无效合同的有(　　)。

A. 甲医院以国产假肢冒充进口假肢，高价卖给乙

B. 甲、乙双方为了在办理房屋过户登记时避税，将实际成交价为 100 万元的房屋买卖合同价格写为 60 万元

C. 有妇之夫甲委托未婚女乙代孕，约定事成后甲补偿乙 50 万元

D. 甲父患癌症急需用钱，乙趁机以低价收购甲收藏的 1 幅名画，甲无奈与乙签订了买卖合同

7. 甲因参加全国律师资格考试，连续三次均差一分而落榜，愤而弃其书于垃圾堆。清洁工人乙于清洁垃圾时发现该套书，喜拾之给其儿子丙学习之用。对此，下列表述中，正确的有(　　)。

A. 甲所为意思表示为有相对人的意思表示

B. 甲所为意思表示为无相对人的意思表示

C. 甲所为意思表示于完成时发生效力

D. 甲所为意思表示于乙拾到时发生效力

8. 民事法律行为的形式有(　　)。

A. 口头形式　　B. 书面形式

C. 推定形式　　D. 沉默形式

9. 当事人约定“如果甲的儿子从外地调回”，甲、乙之间的房屋租赁合同即行终止。则下列表述正确的有(　　)。

A. 该合同为附解除条件的合同

B. 该合同为附延缓条件的合同

C. 如果甲的儿子从外地调回，则合同失效

D. 如果甲的儿子未从外地调回，则合同继续有效

10. 李某为给病危的父亲治病急需用款 10 万元，王某表示愿意借给李某，但一年后须加倍偿还，否则须以其三居室住房代偿，李某表示同意，此行为属于(　　)。

A. 无效的民事行为　　B. 可撤销的民事行为

C. 显失公平的民事行为　　D. 有效的民事行为

三、简答题

1. 简述民事法律行为的概念和特征。
2. 简述意思表示的含义及其构成要素。
3. 简述欺诈的构成要件。

四、论述题

1. 论民事法律行为的有效要件。
2. 论意思表示不一致的情形及其法律后果。

五、案例分析题

某照相器材商店购进一批新型相机，每部定价为2998元。售货员在制作标价牌时，误将2998元标为1998元。某日，顾客A入店，发现在别处卖近3000元的相机在这里只卖1998元，便一下买了两部。事后，当售货员再次去库房取货时，才发现每部少收了1000元。商店经多方查找，终于找到A，要求退货或补足差价。A称，自己买回两部相机是付了钱的，买卖已成交，岂有退货之理；再说，其中一部相机已以2600元卖给了同事B，还要看B是否愿意退货。商店按A所指找到B，B也拒绝了商店的要求，因此发生纠纷。试问该案应如何处理。

答案与解析

一、单项选择题

1. B 【解析】A、D两项属于事实行为，C项为情谊行为，B项为民事法律行为。故正确答案为B。

2. D 【解析】悬赏广告（A项）、债务免除（B项）和代理权的授予（C项），它们都必须向相对方作出意思表示。而遗嘱并不需要相对方受领，表意人不需要向相对人作出意思表示，故正确答案为D。

3. B 【解析】根据《民法总则》第137条的规定，对于有相对人的、非对话的意思表示，于到达相对人时生效。故正确答案为B。

4. C 【解析】根据《民法总则》第137条的规定，对话的意思表示，自相对人知道其内容时生效。故正确答案为C。

5. C 【解析】依《民法总则》第140条第2款的规定，沉默只有在有法律规定、当事人约定或者符合当事人之间的交易习惯时，才可以视为意思表示。本题不符合上述条件，故正确答案为C。

6. A 【解析】无效民事法律行为自始无效、当然无效、确定无效。无效民事法律行为只是不发生当事人预期的法律后果，而并非不发生任何法律后果。故正确答案为A。

7. C 【解析】该题考查对可撤销合同的理解。甲的行为属于欺诈，乙因受欺诈而并非重大误解签订合同，故乙可撤销合同，撤销权应通过法院或仲裁机构行使，撤销的后果是双方返还财产，并可以请求欺诈方予以损害赔偿。此外，甲作为出卖方违反了瑕疵担保义务属于违约行为，如果乙不撤销合同而请求甲承担违约责任也是可以的。本题为选非题，故正确答案为 C。

8. C　【解析】A 项属于无效民事法律行为，效力待定民事法律行为自追认后自始有效，善意相对人有撤销权。故正确答案为 C。

9. D　【解析】胁迫具有违法性，无论目的违法还是手段违法，均构成胁迫。A 项属于目的违法，B、C 两项属于手段、目的均违法，D 项则手段、目的均不违法，故 D 项不构成胁迫。故正确答案为 D。

10. D　【解析】本题考查合同的成立、意思表示的构成。教授的表示构成要约，但乙不知晓要约而签名，不属于承诺，因为其不知晓签字的意义，因而不构成意思表示，双方没有真正达成合意，故合同未成立。故正确答案为 D。

11. D　【解析】民事法律行为是以意思表示为要素设立、变更、终止民事法律关系的行为。本题中所谓的“加工资”并非民法上的后果，因此该行为不属于民事法律行为。故正确答案为 D。

12. C　【解析】根据《民法总则》第 146 条的规定，有关装修费用的条款属于当事人虚假意思表示，为无效。故正确答案为 C。

13. C　【解析】所谓重大误解，是行为人对行为的性质、对方当事人、标的物的品种、质量、规格和数量等发生了错误认识，使意思表示不真实并造成较大损失。重大误解适用的对象是民事法律行为，B 项中甲实施的是事实行为，故并非重大误解；A 项属于动机错误，D 项属于对行为能力的认识错误，均不属于重大误解的内容范畴。故正确答案为 C。

14. C　【解析】依《民法总则》第 152 条的规定，正确答案为 C。

15. A　【解析】依《民法总则》第 153 条的规定，只有违反法律、行政法规的强制性规定的民事法律行为才认定为无效，但是该强制性规定不导致该民事法律行为无效的除外。一般认为，如果违反的是管理性（而非效力性）强制性规定，并不因此导致民事法律行为无效。超越经营范围的禁止性规定属于管理性强制性规定，故不因此导致合同无效。故正确答案为 A。

16. D　【解析】民事法律行为所附的条件必须是合法的、发生与否不确定的、当事人约定的、有可能发生的且尚未发生的事实。A 项为不可能发生的事实，B 项为已经发生的事实，C 项为法律规定的事实，均不能作为民事法律行为的所附条件。故正确答案为 D。

17. B　【解析】附条件与附期限的区别在于条件成就与否不确定，但期限到来的事实是确定的。结婚为不确定的事实，故正确答案为 B。

二、多项选择题

1. ABC 【解析】事实行为是不以意思表示为要素但依法律的规定发生民事法律后果的行为。A、B、C三项均符合事实行为的特征。依《民法总则》第134条第2款的规定，决议行为属于民事法律行为。故正确答案为ABC。

2. BCD 【解析】意思表示是将内心欲发生民事法律后果的意思通过外部行为表达出来。B、C、D三项均符合意思表示的特征。A项中不存在发生法律后果的意思即效果意思，并非意思表示。故正确答案为BCD。

3. AB 【解析】授权行为和遗赠均不需要相对人的意思表示即可成立，为单方行为。赠与和买卖属于双方意思表示一致才能成立的合同行为，为双方行为。故正确答案为AB。

4. BCD 【解析】可撤销的民事法律行为成立后生效，经撤销后方自始无效。故正确答案为BCD。

5. AD 【解析】本题涉及民事法律行为的分类问题。本题中，张某取得借款是以支付利息为对价的，故为有偿行为；自然人之间的借款为实践性合同，故正确答案为AD。

6. BC 【解析】A项属于受欺诈签订合同，为可撤销的民事法律行为。D项属于显失公平，也为可撤销的民事法律行为。B项为通谋虚假行为，C项为违反公序良俗的行为，B、C两项为无效的民事法律行为。故正确答案为BC。但B只是部分无效（价款条款无效），并非合同全部无效。

7. BC 【解析】本题涉及意思表示的分类问题。意思表示区分为有相对人的意思表示和无相对人的意思表示。有相对人的意思表示是指意思表示到达相对人时发生效力；无相对人的意思表示是指意思表示完成时即发生效力。抛弃的意思表示系无相对人的意思表示，于意思表示完成时即发生效力。故正确答案为BC。

8. ABCD 【解析】民事法律行为可以用明示、默示的形式。明示包括口头、书面形式等，默示包括推定和沉默形式。故正确答案为ABCD。

9. ACD 【解析】甲的儿子如果从外地调回，甲、乙之间的房屋租赁合同即行终止属于附解除条件。附解除条件的民事法律行为，当条件成就时，权利和义务失去法律效力。在条件未成就时，则合同继续有效。故正确答案为ACD。

10. BC 【解析】本协议属于显失公平的协议，因此也属于可撤销的民事行为。故正确答案为BC。

三、简答题（略）

四、论述题（略）

五、案例分析题

【答案要点】

（1）属于重大误解的民事法律行为，商场作为误解人可以行使撤销权。

（2）商场可以向法院起诉要求撤销合同，合同撤销后，双方发生返还财产的后果，A 应将相机退还商场，商场应将所收价款退还 A，但商场对 A 造成的损失应予以赔偿。

（3）B 属于善意购买人，合同的撤销不能对抗善意的 B，故商场不能要求 B 返还相机。

第9章 代　　理

一、单项选择题

1. 下列行为中，属于代理行为的是(　　)。

A. 甲代替乙招待乙的朋友的行为

B. 传达室的张大爷将甲寄给乙的信送给乙的行为

C. 公司董事长以公司名义对外签约的行为

D. 公司的售票员向旅客卖票的行为

2. 下列行为可适用代理的是(　　)。

A. 结婚

B. 订立买卖合同

C. 法律规定必须当事人亲自实施的行为

D. 当事人约定必须当事人亲自实施的行为

3. 下列各项中，不能当然引起委托代理关系终止的原因是(　　)。

A. 被代理人取消委托　　B. 被代理人死亡

C. 代理人辞去委托　　D. 代理人死亡

4. 在委托代理中，代理权的产生依据是(　　)。

A. 委托合同　　B. 授权行为

C. 委托合同和授权行为　　D. 法律规定

5. 甲去购买彩票，其友乙给甲10元钱让其顺便代购彩票，同时告知购买号码，并一再嘱咐甲不要改变。甲预测乙提供的号码不能中奖，便擅自更换号码为乙购买了彩票并替乙保管。开奖时，甲为乙购买的彩票中了奖，二人为奖项归属发生纠纷。下列分析正确的是(　　)。

A. 甲应获得该奖项，因按乙的号码无法中奖，甲、乙之间应类推适用借贷关系，由甲偿还乙10元

B. 甲和乙应平分该奖项，因乙出了钱，而甲更换了号码

C. 甲的贡献大，应获得该奖项之大部，同时按比例承担彩票购买款

D. 乙应获得该奖项，因乙是委托人

6. 甲公司委托王某去某市乙公司购买机械表 1000 只，王某见乙公司还有电子表可供应，在乙公司说明电子表是从正规渠道进货后，就在购销合同上添加了购买 2000 只电子表的条款。王某付款后将机械表和电子表运往甲公司途中，2000 只电子表被海关以走私品没收。甲公司收到机械表后，发现不好销，遂以合同无效要求退货。下列论述正确的是(　　)。

A. 该购销合同中购买 2000 只电子表的条款无效

B. 该购销合同中购买 2000 只电子表的条款可撤销

C. 该购销合同中购买 2000 只电子表的条款效力未定

D. 该购销合同无效

7. 下列情形构成无权代理的是(　　)。

A. 甲冒用乙的姓名从某杂志社领取乙的稿酬据为己有

B. 某公司董事长超越权限以本公司的名义为他人提供担保

C. 刘某受同学周某之托冒充丁某参加求职面试

D. 关某代收某推销员谎称关某邻居李某订购的保健品并代为付款

二、多项选择题

1. 甲委托乙采购一批电脑，乙受丙诱骗高价采购了一批劣质手机。关于手机买卖合同，下列表述正确的有(　　)。

A. 甲有权追认　　B. 甲有权撤销

C. 乙有权以甲的名义撤销　　D. 丙有权撤销

2. 甲委托乙购买一套机械设备，但要求以乙的名义签订合同，乙同意，遂与丙签订了设备购买合同。后由于甲的原因，乙不能按时向丙支付设备款。在乙向丙说明了自己是受甲委托向丙购买机械设备后，关于丙的权利，下列选项不正确的有(　　)。

A. 只能要求甲支付　　B. 只能要求乙支付

C. 可选择要求甲或乙支付　　D. 可要求甲和乙承担连带责任

3. 甲公司与 15 周岁的网络奇才陈某签订委托合同，授权陈某为甲公司购买价值不超过 50 万元的软件。陈某的父母知道后，明确表示反对。关于委托合同和代理权授予的效力，下列表述不正确的有(　　)。

A. 均无效，因陈某的父母拒绝追认

B. 均有效，因委托合同仅需简单智力投入，不会损害陈某的利益，其父母是否追认并不重要

C. 是否有效，需确认陈某的真实意思，其父母拒绝追认，甲公司可向法院起诉请求确认委托合同的效力

D. 委托合同因陈某的父母不追认而无效，但代理权授予行为有效

4. 甲商场业务员周某到乙电器公司采购冰箱时，见乙电器公司正在优惠销售微波炉，便欲购买，但因未得到公司授权无法购买。乙公司负责人吴某为做成生意，就说，先签订合同再说。周某遂以甲商场的名义与乙公司签订了购买微波炉的合同。合同签订了，公司催告甲商场于10天内追认该合同。甲商场因购得另款微波炉，没有表示。则下列说法中，正确的有(　　)。

A. 周某的行为为无权代理

B. 周某的行为为无权处分

C. 甲商场的行为依法视为拒绝追认

D. 甲商场的行为依法视为追认

5. 甲委托乙前往丙厂采购男装，乙觉得丙生产的女装市场看好，便自作主张以甲的名义向丙订购一批女装。丙未问乙的代理权限，便与之订立了女装买卖合同。对于该合同，下列说法正确的有(　　)。

A. 甲有追认权　　　　B. 丙有催告权

C. 丙有撤销权　　　　D. 构成表见代理

6. 乙委托甲买上等茶叶10斤，并付款1000元。因甲家中有事，经过乙的同意，甲便委托丙代乙买10斤上等茶叶，丙应允。甲将1000元放在信封里交付给丙。丙在当晚回家途中，1000元被人所抢，抢劫案未侦破。为此引起纠纷。乙起诉到法院，法院对乙的(　　)请求不予支持。

A. 请求甲赔偿损失1000元

B. 请求丙赔偿损失1000元

C. 请求甲、丙各赔偿损失500元

D. 请求甲、丙对1000元损失负连带责任

7. 关于复代理，下列选项不正确的有(　　)。

A. 复代理人是代理人的代理人

B. 委托代理人转托他人代理应当经过被代理人的同意或追认

C. 转委托经过被代理人同意或追认的，代理人对转委托的第三人的行为不需要承担责任

D. 委托代理人擅自转委托的未经追认的，代理人均应对转委托的第三人的行为承担责任

8. 甲公司业务经理乙长期在丙餐厅签单招待客户，餐费由公司按月结清。后乙因故辞职，月底餐厅前去结账时，甲公司认为，乙当月的几次用餐都是招待私人朋友，因而拒付乙所签单的餐费。下列选项不正确的有(　　)。

A. 甲公司应当付款　　B. 甲公司应当付款，乙承担连带责任

C. 甲公司有权拒绝付款　　D. 甲公司应当承担补充责任

三、简答题

1. 简述代理的概念及特征。
2. 简述滥用代理权的表现及法律后果。
3. 简述无权代理与表见代理的区别。

四、论述题

论表见代理。

五、案例分析题

聂某和张某系夫妻，2014 年 3 月夫妻二人购买了属于自己的房子，房屋所有权证登记的所有权人为聂某。2016 年张某因经营一家饭店向安阳某信用社贷款 70 000 元，到期不能清偿，张某要求续贷，信用社要求提供抵押担保。张某便在聂某不知情的情况下将聂某的房产证及身份证偷出，让食堂服务员王某冒名顶替聂某办理了抵押贷款手续，需要聂某本人签字的地方，都是王某签的字。贷款到期后，张某不能清偿，信用社向法院起诉，请求张某偿还贷款本息，以房产相抵。聂某认为抵押合同无效，而信用社则认为构成表见代理。试结合民法原理分析该案应当如何处理。

答案与解析

一、单项选择题

1. D　**【解析】** A 项并非法律行为，更非代理行为；B 项为传达；C 项为代表，D 项为职务代理。故正确答案为 D。

2. B　**【解析】** 依《民法总则》第 161 条第 2 款的规定，依照法律规定、当事人约定或者民事法律行为的性质，应当由本人亲自实施的民事法律行为，不得代理。故正确答案为 B。

3. B 【解析】《民法总则》第174条规定了四种即使被代理人死亡，委托代理人实施的代理行为依然有效的情形。可见，被代理人死亡并不当然引起委托代理关系的终止。本题为选非题，故正确答案为B。

4. B 【解析】法定代理中的代理权产生的依据是法律规定，委托代理中代理权的产生依据是授权行为而非委托合同。故正确答案为B。

5. D 【解析】乙委托甲代其购买彩票，且甲代乙购买彩票后并替乙保管。说明甲、乙之间成立委托代理关系，该代理行为的法律后果归乙。另外，甲擅自更换乙指定的彩票号码的行为属于无权代理，事后乙进行了追认。因此，彩票所中奖金应归乙所有。故正确答案为D。

6. A 【解析】本合同中购买机械表的行为经过了授权，属于有权代理，合同中关于机械表的条款完全有效，因此，D项说合同无效当属错误。电子表的购买属于无权代理，此部分条款的效力是效力待定。但是，由于这批货物的买卖没有办理正当手续，属于走私行为，内容违反法律的强制性规定，故而，关于电子表购买的条款应是无效的，故正确答案为A。

7. D 【解析】无权代理的前提是表面上是“代理”，即以“被代理权”的名义与相对人进行民事法律行为。A项是甲并非以乙的名义，而是冒用乙的姓名，系冒名行为，而非代理；B项属于无权代表；C项也不属于代理；D项关某未经委托即以李某的名义代收代为付款，系无权代理。故正确答案为D。

二、多项选择题

1. ABC 【解析】甲委托乙采购的是电脑，乙买的却是手机，属于超越代理权订立合同的情况，该合同属于效力待定的合同，甲享有追认权，故A项正确；乙因受丙的欺诈而与丙订立手机买卖合同，因此受损害方甲有权撤销该合同，而欺诈方丙无权撤销；故B项正确，D项错误；乙是甲的代理人，乙有权以甲的名义代甲行使撤销权。故C项正确。故正确答案为ABC。

2. ABD 【解析】本题中属于隐名代理，乙是受托人，以自己的名义与第三人订立了买卖合同，当委托人甲不履行合同义务时，依《中华人民共和国合同法》（以下简称《合同法》）相关规定，乙可以向第三人丙披露委托人甲的身份。此时，丙可以选择以甲或乙作为相对人主张权利。本题为选非题，故正确答案为ABD。

3. ABC 【解析】因50万元的合同金额超出陈某的年龄、智力范围，委托合同属于效力待定行为，须经陈某父母的追认方为有效。而代理权人授权是公司的单方行为，并非效力待定行为。本题为选非题，故正确答案为ABC。

4. AC 【解析】本题涉及无权代理的认定及其效力问题。周某未取得甲商场的授权以甲商场的名义与乙公司签订合同为无权代理行为，对无权代理行为，依《合同法》之规定为效力未定的民事行为，对该行为，相对人享有催告权，催告本人在合理期限内予以追认，本人未作表示的，视为拒绝。故正确答案为AC。

5. ABC 【解析】因并不存在使丙相信乙有代理权的事由，并不存在外表授权，故不构成表见代理，而构成无权代理。无权代理中被代理人有追认权，相对人有催告权，善意相对人有撤销权。故正确答案为ABC。

6. ABCD 【解析】甲转委托的行为事先经过乙同意，代理人仅就第三人的选任以及对第三人的指示承担责任。在该题中，抢劫属意外事件，并非因丙的过错，甲并不具有选任及指示上的过错，故甲对乙的损失不应承担责任。丙对损失的发生也无过错，故也不应对乙的损失承担责任。故正确答案为ABCD。

7. AC 【解析】根据《民法总则》第169条的规定，正确答案为AC。

8. BCD 【解析】本题构成表见代理，表见代理发生与有权代理有相同的后果，即由被代理人承担责任。本题为选非题，故正确答案为BCD。

三、简答题（略）

四、论述题（略）

五、案例分析题

【答案要点】

（1）该案王某的行为系冒名行为，并非代理，信用社并非善意地信赖王某具有代理权，故并非表见代理。

（2）冒名行为的效力可类推适用于无权代理，既然被冒名人不予追认，则抵押合同无效。

第 10 章　诉讼时效、除斥期间与期限

一、单项选择题

1. 诉讼时效适用于(　　)。

A. 支配权　　B. 请求权

C. 形成权　　D. 抗辩权

2. 诉讼时效期间届满的后果是(　　)。

A. 当事人丧失实体权利

B. 当事人丧失胜诉权

C. 当事人取得抗辩权

D. 法院可以主动适用诉讼时效驳回当事人的诉讼请求

3. 向人民法院请求保护民事权利的诉讼时效期间一般为(　　)。

A. 三年　　B. 两年

C. 五年　　D. 一年

4. 甲公司向乙公司催讨一笔已过诉讼时效期限的 10 万元货款。乙公司书面答复称："该笔债务已过时效期限，本公司本无义务偿还，但鉴于双方的长期合作关系，可偿还 3 万元。"甲公司遂向法院起诉，要求偿还 10 万元。乙公司接到应诉通知后书面回函甲公司称："既然你公司起诉，则不再偿还任何货款。"下列选项正确的是(　　)。

A. 乙公司的书面答复意味着乙公司需偿还甲公司 3 万元

B. 乙公司未实际偿还 3 万元，可不予偿还

C. 乙公司的书面回函对甲公司有效

D. 乙公司的书面答复表明其丧失了 10 万元的时效利益

5. 甲向乙借款 10 万元，合同约定分三期偿还，第一期还款 3 万元，期限为 2015 年 5 月 3 日；第二期还款 3 万元，期限为 2015 年 10 月 3 日；第三期还款 4 万元，期限为 2017 年 10 月 8 日。但三期借款均未按时归还。时至 2017 年 12 月 5 日，乙要求甲归还全部借款，甲以第一期和第二期诉讼时效已过为由拒绝归还，乙无奈向人民法院起诉。下列表述正确的是(　　)。

A. 如果甲在诉讼中提出抗辩，甲可不还第一期款项

B. 如果甲在诉讼中提出抗辩，甲可不还第二期款项

C. 无论甲在诉讼中是否提出抗辩，法院可以第一期、第二期款项已过诉讼时效为由不支持乙的相应请求

D. 如果甲在诉讼中提出抗辩，法院应支持乙的全部还款请求

6. 甲（12 岁）的父母双亡，由其叔叔监护。在甲 14 岁时，其叔叔将甲的父母遗留给甲的一套房屋出卖供自己儿子出国留学。则甲对其叔叔的损害赔偿请求权的诉讼时效期间应自(　　)起算。

A. 买卖合同成立时　　B. 甲知道或应当知道其权利受到损害时

C. 甲成年时　　D. 法定代理关系终止时

7. 甲自 16 岁时一直在外打工，在其 17 岁时遭遇工友性侵，则甲向加害人请求损害赔偿的诉讼时效期间从(　　)起算。

A. 甲知道或应当知道其权利遭到侵害时

B. 甲知道或应当知道其权利遭到侵害以及加害人时

C. 甲报案时

D. 甲年满 18 周岁时

8. 甲公司与乙银行签订借款合同，约定借款期限自 2014 年 2 月 25 日起至 2015 年 2 月 24 日止。期限到期后，乙银行未向甲公司主张过债权，直至 2016 年 4 月 15 日，乙银行将该笔债权转让给丙公司并通知了甲公司。2016 年 5 月 16 日，丁公司兼并了甲公司。2017 年 12 月 1 日，丙公司向丁公司起诉请求偿还借款，则依《民法总则》的规定，下列选项正确的是(　　)。

A. 甲公司不复存在，所欠债务无须偿还

B. 乙银行债权的诉讼时效从 2016 年 4 月 15 日起中断

C. 乙银行债权的诉讼时效从 2016 年 5 月 16 日起中断

D. 乙银行的债权已过诉讼时效，丁公司有权主张诉讼时效抗辩

9. 下列不能导致诉讼时效中断事由的是(　　)。

A. 权利人起诉　　B. 权利人申请强制执行

C. 权利人请求对方履行债务　　D. 权利人被他人控制无法主张权利

10. 关于诉讼时效中断的表述，下列选项正确的是(　　)。

A. 甲欠乙 10 万元到期未还，乙要求甲先清偿 8 万元。乙的行为仅导致 8 万元债务诉讼时效中断

B. 甲和乙对丙因共同侵权而需承担连带赔偿责任计 10 万元，丙要求甲承担 8 万元。丙的行为导致甲和乙对丙负担的连带债务诉讼时效均中断

C. 乙欠甲 8 万元，丙欠乙 10 万元，甲对丙提起代位权诉讼。甲的行为不会导致丙对乙的债务诉讼时效中断

D. 乙欠甲 10 万元，甲将该债权转让给丙。自甲与丙签订债权转让协议之日起，乙的 10 万元债务诉讼时效中断

11. 以下(　　)情形不发生诉讼时效中止。

A. 权利人死亡，尚未确定继承人

B. 权利人为无民事行为能力人而无法定代理人

C. 权利人申请强制执行

D. 权利人被他人控制无法主张权利

二、多项选择题

1. 下列(　　)请求不适用诉讼时效。

A. 按份共有人请求分割共有物

B. 当事人请求确认合同无效

C. 权利人请求排除妨碍

D. 乙强行占有登记在甲名下的房屋，甲请求乙返还

2. 下列权利中，适用诉讼时效的有(　　)。

A. 某甲因某乙违反合同而享有的违约金请求权

B. 张某因某医院侵犯其肖像权而享有的损害赔偿请求权

C. 小赵因无因管理而享有的对小刘的必要费用请求权

D. 某甲对某乙享有的不当得利返还请求权

3. 关于诉讼时效的表述，下列选项正确的有(　　)。

A. 当事人可以对债权请求权提出诉讼时效抗辩，但法律另有规定的除外

B. 当事人不能约定延长或缩短诉讼时效期间，也不能预先放弃时效利益

C. 当事人未提出诉讼时效抗辩的，法院不应主动适用诉讼时效的规定

D. 当事人在一审、二审期间都可以提出诉讼时效抗辩

4. 关于诉讼时效，下列选项正确的有(　　)。

A. 最长诉讼时效从权利遭受损害之日起算

B. 一般诉讼时效期间属可变期间

C. 一般诉讼时效期间均从权利人知道或应当知道权利被侵害时起计算

D. 诉讼时效期间届满后所受领的给付构成不当得利

5. 诉讼时效因当事人一方提出要求而中断，下列(　　)情形能产生诉讼时效中断的效力。

A. 对方当事人在当事人主张权利的文书上签字、盖章的

B. 当事人一方以发送信件或数据电文方式主张权利，该信件或数据电文应当到达对方当事人的

C. 当事人一方为金融机构，依照法律规定或当事人约定从对方当事人账户中扣收欠款本息的

D. 权利人向被宣告失踪义务人的财产代管人主张权利的

6. 关于诉讼时效中止，下列表述正确的有(　　)。

A. 必须发生诉讼时效中止的事由

B. 中止诉讼时效的事由必须为不可抗力或者其他障碍

C. 发生诉讼时效中止的事由必须发生在诉讼时效期间的最后6个月

D. 中止事由发生后，诉讼时效暂停计算。中止事由结束后，诉讼时效继续进行

三、简答题

1. 简述诉讼时效的中止与中断的区别。
2. 简述诉讼时效和除斥期间的区别。

四、论述题

论诉讼时效期间届满的法律后果。

五、案例分析题

2013年12月胡某所在单位决定派他到加拿大学习两年，因一时钱不够用，遂向朋友张某借款3万元，并立字据约定胡某在出国前将钱还清。但胡某直到2014年7月27日出国，都一直没有还钱。此前张某也对钱的事只字未提。胡某在国外两年也没有说钱的事。2017年8月，胡某回国。2017年10月胡某表示全部钱款月底还清，并在原来的字据上对此作了注明。11月5日，当张某再次来找胡某要钱时，胡某却称，他的一个律师朋友说他们之间的债务已过诉讼时效，可以不用还了。张某气愤至极，第二天就向法院提起了诉讼，要求胡某偿还3万元的本金和利息。请回答下列问题。

（1）张某对胡某债权的诉讼时效实际上是否已经届满？

（2）本案是否存在诉讼时效中断的事由？

（3）胡某于2017年10月在字据上对月底还钱作注明的行为有何种效力？

（4）张某能否通过诉讼要回胡某所欠的钱？

答案与解析

一、单项选择题

1. B 【解析】诉讼时效的客体是请求权，其他权利不适用诉讼时效。故正确答案为 B。

2. C 【解析】根据《民法总则》第 192、193 条的规定，诉讼时效期间届满，义务人取得抗辩权，法院不能主动适用诉讼时效。故正确答案为 C。

3. A 【解析】依《民法总则》第 188 条的规定，普通诉讼时效期间为三年。故正确答案为 A。

4. A 【解析】根据《民法总则》第 192 条第 2 款规定，乙公司同意履行 3 万元，即不应以诉讼时效届满为由拒绝偿还，但对其未予以承诺的，则可以不必偿还。故正确答案为 A。

5. D 【解析】依《民法总则》第 189 条的规定，当事人约定同一债务分期履行的，诉讼时效期间自最后一期履行期限届满之日起计算。故本题的前两期诉讼时效均未届满。故正确答案为 D。

6. D 【解析】依《民法总则》第 190 条的规定，无民事行为能力或者限制民事行为能力人对其法定代理人的请求权的诉讼时效期间，自该法定代理终止之日起计算。虽然甲成年时法定代理关系终止，但即使甲未成年，若监护关系发生变更或其叔叔的监护权被撤销，也会导致法定代理关系的终止，故 C 项错误。故正确答案为 D。

7. D 【解析】依《民法总则》第 191 条的规定，故正确答案为 D。

8. B 【解析】甲公司所欠债务的诉讼时效期间从 2015 年 2 月 24 日至 2017 年 2 月 24 日。2016 年 4 月 15 日，乙公司转让债权通知甲公司可认为其主张债权，诉讼时效中断重新起算，诉讼时效期间自 2016 年 4 月 15 日至 2019 年 4 月 15 日，故 2017 年 12 月 1 日丙公司起诉时诉讼时效期间尚未届满。甲公司被兼并后，其权利义务由丁公司概括承受，丁公司应予偿还甲公司所欠债务。故正确答案为 B。

9. D 【解析】D 项属于诉讼时效中止的事由，并非中断事由。本题为选非题，故正确答案为 D。

10. B 【解析】根据《最高人民法院关于审理民事案件适用诉讼时效制度若干问题的规定》第 17 条第 2 款规定，对于连带债务人中的一人发生诉讼时效中断效力的事由，应当认定对其他连带债务人也发生诉讼时效中断的效力。丙要求连带债务人甲承担责任，这一事由会导致甲和乙对丙负担的连带债务诉讼时效均中断，B 项正确。根据上述规定第 11 条、18 条和 19 条的规定，权利人对同一债权中的部分债权主张权利，诉讼时效中断的效力及于剩余债权，除非权利人明确表示放弃剩余债权情形；债权人提起代位权诉讼的，应当认定对债权人的债权和债务人的债权均发生诉讼时效中断的效力；债权转让的，应当认定诉讼时效从债权转让通知到达债务人之日起中断。故 A、C、D 三项均错误。正确答案为 B。

11. C　**【解析】**根据《民法总则》第 194 条规定，C 项不属于中止的法定事由，而是中断的事由。故正确答案为 C。

二、多项选择题

1. ABCD　**【解析】**诉讼时效适用于请求权，但并非所有的请求权均适用诉讼时效。依《民法总则》第 196 条的规定，C、D 两项不适用诉讼时效。此外，合同无效为自始、当然、确定无效，故请求确认合同无效不适用诉讼时效，故 B 项不适用诉讼时效。共有物分割请求权实质上是对物权的行使，也不适用诉讼时效，故 C 项也不适用诉讼时效。本题为选非题，故正确答案为 ABCD。

2. ABCD　**【解析】**本题涉及诉讼时效的适用范围问题，诉讼时效适用于请求权，特别是债权请求权，本题四个选项均为债权请求权，故适用诉讼时效的规定。故正确答案为 ABCD。

3. ABC　**【解析】**根据《最高人民法院关于审理民事案件适用诉讼时效制度若干问题的规定》第 4 条的规定，当事人在一审期间未提出诉讼时效抗辩，在二审期间提出的，人民法院不予支持，但其基于新的证据能够证明对方当事人的请求权已过诉讼时效期间的情形除外。据此，D 项错误。故正确答案为 ABC。

4. AB　**【解析】**根据《民法总则》的规定，一般诉讼时效期间自权利人知道或者应当知道权利受到损害以及义务人之日起计算，最长诉讼时效是从权利被侵害之日起起算。故 A 项正确，C 项错误。根据《民法总则》第 194 条、195 条的规定，一般诉讼时效可以中止或中断，属于可变期间，因此 B 项正确。根据《民法总则》第 192 条第 2 款的规定，诉讼时效期间届满后，义务人同意履行的，不得以诉讼时效期间届满为由抗辩；义务人已自愿履行的，不得请求返还。因此，D 项错误。故正确答案为 AB。

5. ABCD　**【解析】**依《最高人民法院关于审理民事案件适用诉讼时效制度若干问题的规定》第 10 条的规定，A、B、C 三项均可认为是权利人主张权利的表现，故均可引起诉讼时效的中断。此外，权利人向被宣告失踪义务人的财产代管人主张权利的也导致诉讼时效的中断。故正确答案为ABCD。

6. ABC 【解析】根据《民法总则》第194条的规定，自中止时效的原因消除之日起满6个月，诉讼时效期间届满。故D项错误。故正确答案为ABC。

三、简答题（略）

四、论述题（略）

五、案例分析题

【答案要点】

（1）本案借款发生在《民法总则》实施之前，且在《民法总则》实施（2017年10月1日）之前两年诉讼时效期间已届满，故仍适用于《中华人民共和国民法通则》（简称《民法通则》）上的两年诉讼时效期间。本案中，胡某于2013年12月向张某借的钱，约定出国前还清，则诉讼时效期间应自胡某出国2014年7月27日起算，至2016年7月27日届满，但张某直到2017年10月才向胡某要钱，此时诉讼时效已届满。

（2）本案不存在诉讼时效中断的事由，尽管张某有向胡某请求还债的事实，但该事由发生在诉讼时效期间届满后，不构成诉讼时效中断的事由。

（3）诉讼时效期间届满后，义务人同意履行的，不得以诉讼时效期间届满为由抗辩。胡某2017年10月在字据上的注明即是一种重新承诺，不得反悔。

（4）张某要求法院判决胡某还款的请求可以得到法院的支持，但不是因为时效没有届满，而是因胡某已重新作出承诺。

第 11 章　物权总论

一、单项选择题

1. 关于物权的性质，下列说法不正确的是(　　)。

A. 物权是绝对权　　B. 物权是相对权

C. 物权是支配权　　D. 物权是对世权

2. 甲公司向乙银行借款，以自己所有的办公楼作为抵押物，并办理了抵押权登记，关于乙银行享有的抵押权的性质，下列说法中不正确的是(　　)。

A. 请求权　　B. 绝对权

C. 有期物权　　D. 从物权

3. 物权的客体是(　　)。

A. 物，法律规定的情形下也可以是权利

B. 既包括有体物，也包括无体物

C. 物，也包括非物质利益

D. 所有客观物质

4. 下列不属于物上请求权的是(　　)。

A. 返还原物请求权　　B. 排除妨碍请求权

C. 妨害预防请求权　　D. 损害赔偿请求权

5. 关于物上请求权，下列表述错误的是(　　)。

A. 是一种请求权

B. 可以适用债权的有关规定

C. 不能与物权分离而单独存在

D. 须依诉讼的方式进行

6. 下列(　　)属于所有权的继受取得。

A. 甲通过遗嘱继承其兄房屋一间

B. 乙的 3 万元存款得利息 1000 元

C. 丙购来木材后制成椅子一把

D. 丁拾得他人搬家时丢弃的旧电扇一台

7. 甲将汽车出售于乙并交付，但未办理过户登记手续。乙开车时不慎将丙撞伤，则下列说法正确的是(　　)。

A. 乙系车辆所有权人，应对丙的损害承担赔偿责任

B. 甲系车辆所有权人，应对丙的损害承担赔偿责任

C. 乙虽取得所有权，但未登记，不能对丙承担赔偿责任

D. 甲、乙对丙的损害应承担连带赔偿责任

8. 甲将自己所有的一套书卖给乙，在实际交付前甲还想留阅一段时间，遂约定由甲借阅一个月，乙表示应允。于此情形，则(　　)。

A. 书尚未交付，乙未取得所有权

B. 乙系以占有改定方式取得所有权

C. 乙系以指示交付方式取得所有权

D. 乙系以简易交付方式取得所有权

9. 甲有件玉器，欲转让，与乙签订合同，约好 10 日后交货付款；第二天，丙见该玉器，愿以更高的价格购买，甲遂与丙签订合同，丙当即支付了 80% 的价款，约好 3 天后交货；第三天，甲又与丁订立合同，将该玉器卖给丁，并当场交付，但丁仅支付了 30% 的价款。后乙、丙均要求甲履行合同，诉至法院。下列表述正确的是(　　)。

A. 应认定丁取得了玉器的所有权

B. 应支持丙要求甲交付玉器的请求

C. 应支持乙要求甲交付玉器的请求

D. 第一份合同有效，第二、三份合同均无效

10. 甲将自己收藏的一幅名画卖给乙，乙当场付款，约定 5 天后取画。丙听说后，表示愿出比乙高的价格购买此画，甲当即决定卖给丙，约定第二天交货。乙得知此事，诱使甲 8 岁的儿子从家中取出此画给自己。该画在由乙占有期间，被丁盗走。此时该名画的所有权属于(　　)。

A. 甲　　　　B. 乙

C. 丙　　　　D. 丁

11. 甲（卖方）与乙（买方）签订房屋买卖合同，约定 7 日后交付并办理转移登记。但 7 日后甲反悔不欲办理登记，则(　　)。

A. 甲、乙之间的房屋买卖合同无效，乙只能请求甲赔偿损失

B. 甲、乙之间的房屋买卖合同有效，乙可以请求甲交付房屋并办理转移登记

C. 甲、乙之间的房屋买卖合同有效，乙已经取得房屋所有权

D. 甲、乙之间的房屋买卖合同效力待定，乙尚未取得房屋所有权

12. 甲与开发商订立商品房屋预售合同，为防止开发商一房二卖，甲可以与开发商约定办理(　　)。

A. 转移登记　　B. 异议登记

C. 预告登记　　D. 变更登记

13. 2015 年 6 月 1 日，甲、丙签订房屋买卖合同，约定由丙将其所有的房屋出售于甲并办理过户登记手续。但丙未履行合同。同年 8 月 1 日，法院判决丙办理该房屋过户手续，丙仍未办理。9 月 1 日，丙死亡，丁为其唯一继承人。12 月 1 日，丁将房屋赠给女友戊，并对赠与合同作了公证。下列表述正确的是(　　)。

A. 2015 年 6 月 1 日，甲取得房屋所有权

B. 2015 年 8 月 1 日，甲取得房屋所有权

C. 2015 年 9 月 1 日，丁为房屋所有人

D. 2015 年 12 月 1 日，戊为房屋所有人

14. 蔡永父母在共同遗嘱中表示，二人共有的某处房产由蔡永继承。蔡永父母去世前，该房由蔡永之姐蔡花借用，借用期未明确。2012 年上半年，蔡永父母先后去世，蔡永一直未办理该房屋所有权变更登记，也未要求蔡花腾退。2015 年下半年，蔡永因结婚要求蔡花腾退，蔡花拒绝搬出。对此，下列选项正确的是(　　)。

A. 因未办理房屋所有权变更登记，蔡永无权要求蔡花搬出

B. 因诉讼时效期间届满，蔡永的房屋腾退请求不受法律保护

C. 蔡花系合法占有，蔡永无权要求其搬出

D. 蔡永对该房屋享有物上请求权

15. 中州公司依法取得某块土地建设用地使用权并办理报建审批手续后，开始了房屋建设并已经完成了外装修。对此，下列选项正确的是(　　)。

A. 中州公司因为享有建设用地使用权而取得了房屋所有权

B. 中州公司因为事实行为而取得了房屋所有权

C. 中州公司因为法律行为而取得了房屋所有权

D. 中州公司尚未进行房屋登记，因此未取得房屋所有权

二、多项选择题

1. 农村土地承包经营权属于(　　)。

A. 自物权　　B. 限制物权

C. 从物权　　D. 有期物权

2. 下列(　　)属于我国《物权法》上规定的物权类型。

A. 所有权　　B. 地役权

C. 建设用地使用权　　D. 空间地上权

3. 下列物权变动，不需要登记即可直接发生的有(　　)。

A. 国家自然资源所有权的取得

B. 依生效的法律文书发生的物权变动

C. 依当事人合意发生的物权变动

D. 依政府的征收决定发生的物权变动

4. 甲有一块价值 10 000 元的玉石。甲与乙订立了买卖该玉石的合同，约定价金为 11 000 元。由于乙没有带钱，甲未将该玉石交付于乙，约定三日后乙到甲的住处付钱取玉石。随后甲又向乙提出再借用玉石把玩几天，乙表示同意。下列选项正确的有(　　)。

A. 甲、乙的买卖合同生效时，乙直接取得该玉石的所有权

B. 甲、乙的借用约定生效时，乙取得该玉石的所有权

C. 由于甲未将玉石交付给乙，所以乙一直未取得该玉石的所有权

D. 甲通过占有改定的方式将玉石交付给了乙

5. 甲于 8 月 1 日将自己的车借给乙使用，后又于 9 月 1 日与乙约定将该车的所有权转让给乙；乙于 10 月 1 日将该车出租于丙，租期 1 个月。后乙于 10 月 10 日将该车出售于丁，并于 10 月 20 日与丁约定租期到期后由丁直接向丙请求返还该车。则(　　)。

A. 乙于 9 月 1 日取得该车的所有权

B. 乙未受领交付，未取得该车的所有权

C. 丁于 10 月 20 日取得该车的所有权

D. 丁于 10 月 10 日取得该车的所有权

6. 关于异议登记的效力，下列说法正确的有(　　)。

A. 异议登记的效力在于阻止登记的公信力

B. 异议登记的效力在于使得登记名义人与第三人之间就该不动产签订的买卖合同无效

C. 办理异议登记后，申请人需在 15 日之内起诉，否则异议登记失效

D. 对于恶意申请异议登记造成登记簿记载的权利人损失的，权利人可以向异议登记申请人请求赔偿损失

7. 关于预告登记的效力，下列说法正确的有(　　)。

A. 预告登记的目的在于保障已经取得的物权

B. 未经预告登记权利人的同意，转移该不动产所有权的，该转让合同无效

C. 未经预告登记权利人的同意，转移该不动产所有权的，不发生物权变动的效力

D. 预告登记后，债权消灭或者自能够进行不动产登记之日起 3 个月内未申请登记的，预告登记失效。

8. 吴某和李某共有一套房屋，所有权登记在吴某名下。2010 年 2 月 1 日，法院判决吴某和李某离婚，并且判决房屋归李某所有，但是并未办理房屋所有权变更登记。3 月 1 日，李某将该房屋出卖给张某，张某基于对判决书的信赖支付了 50 万元价款，并入住。4 月 1 日，吴某又就该房屋和王某签订了买卖合同，王某在查阅了房屋登记簿确认房屋仍归吴某所有后，支付了 50 万元价款，并于 5 月 10 日办理了变更登记手续。下列选项正确的有(　　)。

A. 5 月 10 日前，吴某是房屋所有权人

B. 2 月 1 日至 5 月 10 日，李某是房屋所有权人

C. 3 月 1 日至 5 月 10 日，张某是房屋所有权人

D. 5 月 10 日后，王某是房屋所有权人

三、简答题

1. 简述物权的概念与特征。
2. 简述物权的效力。

四、论述题

论物权变动的公示公信原则。

五、案例分析题

2014 年 4 月 2 日，王某与丁某约定：王某将一栋房屋出售给丁某，房价 20 万元。丁某支付房屋价款后，王某交付了房屋，但没有办理产权移转登记。

丁某接收房屋作了装修，于2014年5月20日出租给叶某，租期为2年。2014年5月29日王某因病去世，全部遗产由其子小王继承。小王于2014年6月将该房屋卖给杜某，并办理了所有权移转登记。请回答下列问题。

（1）王某与丁某之间的房屋买卖合同是否有效？

（2）王某死后其继承人小王在出卖房屋时能否向丁某请求返还房屋？

（3）杜某取得房屋所有权后是否有权请求丁某、叶某返还房屋？

（4）小王何时取得房屋所有权？其如何才能将房屋所有权转移给杜某？

答案与解析

一、单项选择题

1. B 【解析】物权是绝对权、支配权、对世权。债权是相对权、请求权、对人权。本题为选非题，故正确答案为B。

2. A 【解析】抵押权是一种担保物权，是绝对权、有期物权、从物权。抵押权不是请求权。本题为选非题，故正确答案为A。

3. A 【解析】物权的客体是物，有的情形下也可以是权利，如权利抵押权、权利质权。物权的客体是有体物，不包括无体物和非物质利益。并非所有的客观物质均为民法上的物。故正确答案为A。

4. D 【解析】物上请求权包括返还原物请求权、排除妨碍请求权、妨害预防请求权。不包括损害赔偿请求权，其为债权请求权。故正确答案为D。

5. D 【解析】物上请求权是一种请求权，并非物权；其为物权的作用，不能与物权相分离；其作为请求权，可以适用于债权的有关规定。但其既可以通过诉讼的方式行使，也可以自力行使。故D项的表述错误。本题为选非题，故正确答案为D。

6. A 【解析】A项为移转的继受取得。B、C、D三项均非基于权利人的权利或意思而取得，为原始取得。故正确答案为A。

7. A 【解析】车辆的所有权自交付时已经发生物权变动，未登记不影响乙取得所有权，故乙取得了所有权，且是由于乙开车将丙撞伤，故应由乙承担赔偿责任。故正确答案为A。

8. B 【解析】本题涉及交付的方式问题。甲、乙实际上是约定标的物仍然由出让人继续占有，故属于占有改定。故正确答案为B。

9. A　【解析】动产物权变动以交付为要件，本题中，只有丁受领了交付，故丁取得所有权。故正确答案为 A。

10. A　【解析】动产物权的变动以交付为要件，本题中，因为该名画尚未交付给丙，所以丙不享有所有权。该画最后被甲的儿子取出给了乙，但因为交付并非甲的真实意思表示，故交付无效，乙也不能取得该画的所有权。丁系盗窃更不能取得所有权。故该名画的所有权仍为甲所有。故正确答案为 A。

11. B　【解析】依《物权法》第 15 条的规定，未办理物权登记的，只是没有发生物权变动，并不影响合同效力。所以本案中甲、乙之间的房屋买卖合同有效，乙尚未取得房屋所有权。故正确答案为 B。

12. C　【解析】预告登记是指当事人签订买卖房屋或者其他不动产物权的协议，为保障将来实现物权，而按照约定可以向登记机关申请预告登记。如在商品房预售中，购房者可以就尚未建成的住房进行预告登记，以防止开发商把已出售的住房再次出售或者进行抵押。故正确答案为 C。

13. C　【解析】甲、戊均未办理转移登记，故未取得所有权。丁依继承取得该房屋的所有权，依《物权法》第 29 条的规定，丁于 2015 年 9 月 1 日成为房屋所有权人。故正确答案为 C。

14. D　【解析】蔡永自其父母去世时取得该房所有权，因蔡花拒不搬出，蔡永可以依所有权人的身份行使物上请求权。此项权利不受诉讼时效的限制。故正确答案为 D。

15. B　【解析】《物权法》第 30 条规定，因合法建造、拆除房屋等事实行为设立或者消灭物权的，自事实行为成就时发生效力。本题中，中州公司进行了房屋的建设，其因事实行为取得了房屋所有权，故正确答案为 B。

二、多项选择题

1. BD　【解析】农村土地承包经营权属于用益物权的一种，同时也属于限制物权、有期物权。故正确答案为 BD。

2. ABC　【解析】所有权、地役权、建设用地使用权均在《物权法》中予以规定。空间地役权未予以规定。故正确答案为 ABC。

3. ABD　【解析】非依法律行为发生的物权变动无须遵循公示原则。A、B、D 三项即属此类。参见《物权法》第 9 条第 2 款及第 28 ~ 30 条。依当事人合意发生的物权变动需要登记。故正确答案为 ABD。

4. BD　【解析】甲乙系以占有改定的方式转移了玉石的所有权。在其借用协议生效时视为交付，乙取得所有权。故正确答案为 BD。

5. AC 【解析】本案中涉及简易交付和指示交付时物权变动的时间。乙系以简易交付的方式取得车的所有权，取得时间为甲乙达成所有权转让的合意时即9月1日。丁系以指示交付的方式自乙处取得车的所有权，取得时间为乙将对丙的返还请求权让与给丁时，即10月20日。故正确答案为AC。

6. ACD 【解析】异议登记的目的在于阻止登记的公信力，并不在于使登记名义人与第三人之间就该不动产签订的买卖合同无效。故A项正确。此外，依《物权法》第19条第2款的规定，C、D两项正确。故正确答案为ACD。

7. CD 【解析】预告登记的目的在于保障将来取得不动产物权，而并非保障已经取得物权；其效力在于使得未经预先登记权利人同意的处分不发生物权效力，而并不因此导致预告登记义务人与第三人的转让合同无效。故A、B两项的表述错误。故正确答案为CD。

8. BD 【解析】李某依法院生效的法律文书取得房屋所有权，未办理登记不影响其所有权的取得；张某系依民事法律行为取得所有权，未办理登记故未取得所有权；吴某将房屋出售于王某系无权处分，但王某为善意第三人依善意取得制度取得所有权。故正确答案为BD。

三、简答题（略）

四、论述题（略）

五、案例分析题

【答案要点】

（1）王某与丁某之间的房屋买卖合同有效。不登记不影响买卖合同的效力。

（2）不能。丁某为基于有效买卖合同的有权占有，小王作为继承人不能向丁某请求返还房屋。

（3）杜某办理了登记，其作为所有权人有权请求丁某返还房屋，但叶某为承租人，根据买卖不破租赁的规则，在租赁期内杜某无权请求叶某返还房屋。

（4）小王从继承开始时取得房屋所有权，但其只有将房屋登记在自己名下后才能将房屋所有权转移给杜某。

第 12 章　所　有　权

一、单项选择题

1. 关于所有权的性质，下列说法不正确的是(　　)。

A. 自物权　　B. 完全物权

C. 无期物权　　D. 限制物权

2. 所有权的四项权能中，(　　)决定着物事实上和法律上的命运。

A. 占有　　B. 使用

C. 收益　　D. 处分

3. 关于国家所有权的客体，下列说法正确的是(　　)。

A. 矿藏、水流、海域属于国家所有，但法律规定属于集体所有的除外

B. 城市和城市郊区的土地，属于国家所有

C. 森林、山岭、草原、荒地、滩涂等自然资源，属于国家所有，但法律规定属于集体所有的除外

D. 野生动植物资源和文物，属于国家所有

4. 甲在公园游玩时，丢失手表一块。游客拾得后将该表交给了公园失物招领处，失物招领处发布招领公告后半年内无人认领，遂将手表按程序予以拍卖，乙以 500 元的价格在拍卖会上购得此表。一个月后，其不慎将该表丢失，丙拾得后将该表以 400 元的价格出售于同事丁。现甲、乙、丁均主张对该表的所有权，则该手表应归(　　)所有。

A. 甲　　B. 乙

C. 丁　　D. 甲、乙、丁共有

5. 甲将价值 5 万元房屋出租给乙使用，乙未经甲的同意即对房屋进行了装修，包括做吊顶、铺设瓷砖、设置固定柜台等，花费 7 万元。租期届满后，双方因装修费用以及房屋所有权等问题发生纠纷，则(　　)。

A. 房子归甲所有，甲向乙支付装修费 7 万元

B. 房子归甲所有，甲无须向乙支付费用

C. 房子归乙所有，乙向甲支付房价 5 万元

D. 房子可归甲乙共有

6. 甲、乙、丙依次比邻而居。甲为修房向乙提出在其院内堆放建材，乙不允。甲遂向丙提出在其院内堆放，丙要求甲付费200元，并提出不得超过20天，甲同意。修房过程中，甲搬运建材须从乙家门前经过，乙予以阻拦。对此，下列说法不正确的是(　　)。

A. 乙无权拒绝甲在其院内堆放建材

B. 乙无权阻拦甲经其门前搬运建材

C. 甲应依约定向丙支付占地费

D. 若建材堆放时间超过20天，丙有权要求甲清理现场

7. 甲有天然奇石一块，不慎丢失。乙误以为无主物捡回家，配以基座，陈列于客厅。乙的朋友丙十分喜欢，乙遂以之相赠。后甲发现，向丙追索。下列选项正确的是(　　)。

A. 奇石属遗失物，乙应返还给甲

B. 奇石属无主物，乙取得其所有权

C. 乙因加工行为取得奇石的所有权

D. 丙可以取得奇石的所有权

8. 2016年11月30日，甲在家将一件内藏5000元人民币的旧大衣扔到垃圾堆，后被拾荒人乙拾取，并发现了此钱。后甲闻讯前往乙家要钱，未果。下列说法正确的是(　　)。

A. 甲已抛弃了衣服和钱

B. 乙依据先占原则得到了衣服和钱

C. 该钱为隐藏物，乙因发现而取得

D. 乙应将钱返还给甲，仅仅保有衣服

9. 甲的小猫走失，甲贴出招领启事，承诺将小猫送还者酬谢1000元。乙在大街上拾得该猫，其精心饲养了3日（花费饲养费100元）后看到该招领启事，遂与失主甲联系。则(　　)。

A. 乙有权向甲主张支付100元的饲养费和酬金1000元

B. 乙有义务将拾得的小猫送还失主，故甲可以拒绝支付酬金

C. 设乙在送还小猫前不慎致小猫损害，则甲有权要求乙承担赔偿责任

D. 即使甲未承诺酬金，乙也有权请求甲支付报酬

二、多项选择题

1. 关于集体所有权，下列说法正确的有(　　)。

A. 法律规定属于集体所有的土地、森林、山岭、草原、荒地、滩涂可以成为集体所有

B. 农村的建筑物、农田水利设施可以归集体所有

C. 农民集体所有即本集体成员共同所有

D. 农民集体所有即村委会所有

2. 下列事项中需要经集体成员共同决定的有(　　)。

A. 村民王某承包的土地由于水灾不能继续耕种，张某全家迁入县城，要求村委会收回自己承包的土地，将张某的土地调整给王某承包

B. 将村里的两块荒地承包给某公司，由该公司开挖鱼塘养鱼

C. 该村的一块土地被省政府征收用作修建高速公路，对土地补偿费的使用和分配办法

D. 将村办企业转让给村民刘某

3. 甲购买了某小区的一套住宅，则下列说法正确的有(　　)。

A. 甲作为业主，对其所在建筑物的屋顶享有共有权

B. 甲可通过业主大会行使对共有部分的管理权

C. 甲应依其专有部分占建筑物总面积的比例承担建筑物及其附属设施的费用分摊，但另有约定的除外

D. 甲欲利用其住宅经营超市，则需经小区内半数以上的业主同意

4. 下列事务中，需经专有部分占建筑物总面积三分之二以上的业主且占总人数三分之二以上的业主同意才能予以决定的有(　　)。

A. 改建、重建建筑物及其附属设施

B. 制定和修改建筑物及其附属设施的管理规约

C. 选举业主委员会或者更换业主委员会成员

D. 筹集和使用建筑物及其附属设施的维修资金

5. 下列(　　)属于区分所有建筑物的业主共有。

A. 建筑区划内不属于城镇公共道路的道路

B. 建筑区划内，规划用于停放汽车的车位

C. 占用业主共有的道路或者其他场地用于停放汽车的车位

D. 物业服务用房

6. 关于相邻关系，下列说法正确的有(　　)。

A. 相邻关系的实质是所有权或使用权的延伸或限制

B. 基于相邻关系产生的权利是独立于所有权之外的权利

C. 处理相邻关系的规则包括法律、法规以及当地习惯

D. 相邻关系是由法律规定的

7. 村民张某和王某是邻居，房屋屋顶相连，但两家交恶多年。张某翻修自己的房屋，必须要在王某的房屋屋顶上经过，王某提出张某要么不能经过自己的房屋，要么向自己支付500元钱，张某表示绝对不会毁坏王某的屋顶，但是王某坚持张某如要经过自己的房屋，不管是否损坏房屋，都要支付500元钱。下列说法正确的有(　　)。

A. 王某应当提供必要的便利，不能拒绝张某经过

B. 只有张某利用王某的不动产给王某造成损害的，王某才能要求张某赔偿

C. 王某无权要求张某支付利用自己不动产的报酬

D. 王某的主张合法

8. 甲以20万元从乙公司购得某小区地下停车位。乙公司经规划部门批准在该小区以200万元建设观光电梯。该电梯入梯口占用了甲的停车位，乙公司同意为甲置换更好的车位。甲则要求拆除电梯，并赔偿损失。下列表述错误的有(　　)。

A. 建电梯获得规划部门批准，符合小区业主利益，未侵犯甲的权利

B. 即使建电梯符合业主整体利益，也不能以损害个人权利为代价，故应将电梯拆除

C. 甲车位使用权固然应予保护，但置换车位更能兼顾个人利益与整体利益

D. 电梯建成后，小区尾房更加畅销，为平衡双方利益，乙公司应适当让利于甲

三、简答题

1. 简述所有权的特征。

2. 简述相邻关系的概念与特征。

四、论述题

1. 论善意取得制度。
2. 论民法对所有权的保护及限制。

五、案例分析题

甲有一块价值 10 000 元的玉石。甲与乙订立了买卖该玉石的合同，约定价金为 11 000 元。由于乙没有带钱，甲未将该玉石交付与乙，约定三日后乙到甲的住处付钱取玉石。随后甲又向乙提出，再借用玉石把玩几天，乙表示同意。隔天，知情的丙找到甲，提出愿以 12 000 元购买该玉石，甲同意并当场将玉石交给丙。丙在回家路上遇到债主丁，向丙催要 9000 元欠款甚急，丙无奈，将玉石交付与丁抵偿债务。后丁将玉石丢失被戊拾得，戊将其转卖给己。请回答下列问题。

（1）就甲乙之间的买卖合同而言，乙是否取得该玉石的所有权？为什么？

（2）就甲丙之间的买卖合同而言，丙是否取得该玉石的所有权？为什么？

（3）就丙丁之间的交易而言，丁是否取得该玉石的所有权？为什么？

（4）己能否取得该玉石的所有权？为什么？

答案与解析

一、单项选择题

1. D　**【解析】**所有权是自物权、完全物权、无期物权、主物权，并非限制物权。本题为选非题，故正确答案为 D。

2. D　**【解析】**处分分为事实上的处分和法律上的处分，决定着物事实上和法律上命运。故正确答案为 D。

3. C　**【解析】**矿藏、水流、海域属于国家专有，城市郊区的土地只有在法律规定的情形下才属于国家所有，野生动植物资源和文物在法律规定的情形下才归国家所有。故 A、B、D 三项均错误。C 项的表述符合物权法的规定。故正确答案为 C。

4. B　**【解析】**无人认领的手表归国家所有，甲丧失所有权，乙合法取得手表的所有权。丁系购买遗失物，不适用善意取得。故手表归乙所有，乙有权自知道或者应当知道受让人之日起二年内向丁请求返还原物。故正确答案为 B。

5. A 【解析】本题考查对添附的理解，系动产附合在不动产之上，依添附原理，装修过的房屋（新物）应归不动产所有人所有，但不动产所有人应给予对方一定的补偿。故正确答案为A。

6. A 【解析】甲修房，在乙院内堆放建材并非必需，因此不能作为相邻关系对待，只能由双方通过合同设定地役权解决，故A项错误。而甲修房时搬运建材必须通过乙家门前，此时的法律关系当属于相邻关系，因此乙无权阻止，故B项正确。C、D两项依当事人间的合同关系表述正确。本题为选非题，故正确答案为A。

7. A 【解析】考点是遗失物所有权的归属。甲丢失奇石，奇石应当属于遗失物而非无主物，拾得遗失物应当归还失主，因此本题中奇石的所有权仍属于甲。丙为受赠取得，不适用善意取得，不能取得所有权。乙只是配以基座并未予以加工，不能依加工取得所有权。故正确答案为A。

8. D 【解析】本题考查的是隐藏物的归属。发现隐藏物，能证明是他人的，应予归还。甲仅仅抛弃衣服而没有抛弃钱的意思表示，乙只能依先占取得作为无主物的衣服的所有权，但不能基于先占取得钱的所有权。故正确答案为D。

9. A 【解析】依《物权法》第112条的规定，权利人领取遗失物时，应当向拾得人支付保管遗失物等支出的必要费用。权利人悬赏寻找遗失物的，领取遗失物时应当按照承诺履行义务。另依第111条的规定，只有在拾得人因故意或者重大过失致使遗失物毁损、灭失的，才应当承担民事责任。故正确答案为A。

二、多项选择题

1. AB 【解析】集体所有权的客体范围较为宽泛，参见《物权法》第58条。A、B两项在该条所列举范围之内，故正确。集体所有并非成员共有，村委会只是代表集体行使所有权，并非所有权的主体，故C、D两项错误。故正确答案为AB。

2. ABCD 【解析】根据《物权法》第59条的规定，A、B、C、D四项事项都需要集体经济组织成员共同决定。故正确答案为ABCD。

3. ABC 【解析】建筑物区分所有权既包括对专有部分的专有权，也包括对共有部分的共有权，故A项正确。B、C两项符合《物权法》的规定，也正确。住宅商用依《物权法》第77条的规定，在法律、法规、业主规约均未予以规定的情形下，应当经有利害关系的业主同意，故D项错误。正确答案为ABC。

4. AD 【解析】参见《物权法》第76条的规定。故正确答案为AD。

5. ACD 【解析】依《物权法》第73条的规定，建筑区划内不属于城镇公共道路的道路以及物业服务用房属于业主共有。故A、D两项正确；依第74条的规定，建筑区划内，规划用于停放汽车的车位由当事人通过出售、附赠或者出租等方式约定，占用业主共有的道路或者其他场地用于停放汽车的车位为业主共有，故B项错误，C项正确。正确答案为ACD。

6. ACD 【解析】相邻关系的实质是所有权或使用权的延伸或限制，故相邻权并非独立于所有权之外的权利，故B项错误。其余选项均符合《物权法》的规定。故正确答案为ACD。

7. ABC 【解析】《物权法》第88条规定，不动产权利人因建造、修缮建筑物以及铺设电线、电缆、水管、暖气和燃气管线等必须利用相邻土地、建筑物的，该土地、建筑物的权利人应当提供必要的便利。《物权法》第92条规定，不动产权利人因用水、排水、通行、铺设管线等利用相邻不动产的，应当尽量避免对相邻的不动产权利人造成损害；造成损害的，应当给予赔偿。本题即对该两法条所涉知识点的考核。故正确答案为ABC。

8. ABD 【解析】本题考查民事权利的保护与限制。甲购买了停车位，依法享有对该停车位的权利，乙公司建造的电梯占用了甲的停车位，侵犯了甲的权利，故A项错误。《物权法》第7条规定，物权的取得和行使，应当遵守法律，尊重社会公德，不得损害公共利益和他人合法权益。本案中，乙公司经批准花了200万元来建设观光电梯，符合业主的整体利益，而且同意为甲置换更好的车位，甲的损失已经得到补偿，如果甲坚持要拆除电梯，则是滥用权利，有损公共利益，故B项错误，C项正确。乙公司给甲置换了更好的车位，已经弥补了甲的损失，甲不能再要求额外的利益，故D项错误。本题为选非题，故正确答案为ABD。

三、简答题（略）

四、论述题（略）

五、案例分析题

【答案要点】

（1）取得。甲通过占有改定的方式将玉石交付给了乙，乙取得了所有权。

（2）未取得。甲系无权处分，但丙并非善意，不能取得该玉石的所有权。

（3）取得。丁系善意取得。

（4）未取得。己系受让遗失物，权利人可自知道或者应当知道受让人之日起2年内向其请求返还玉石。

第 13 章　共　　有

一、单项选择题

1. 关于共有关系的特征，下列说法正确的是(　　)。

A. 共有表明一物之上可以有两个所有权

B. 客体为不可分物

C. 主体为二人以上

D. 共有人平等享有权利、承担义务

2. 红光、金辉、绿叶和彩虹公司分别出资 50 万、20 万、20 万、10 万元建造一栋楼房，约定建成后按投资比例使用，但对楼房管理和共有权性质未做约定。对此，下列说法错误的是(　　)。

A. 该楼发生的管理费用应按投资比例承担

B. 该楼所有权为按份共有

C. 红光公司投资占 50%，有权决定该楼的重大修缮事宜

D. 彩虹公司对其享有的份额有权转让

3. 下列关系中，不属于共同共有的是(　　)。

A. 甲、乙、丙各出资 30 万元购买一套房屋

B. 甲乙是夫妻，于婚后购买房屋一套

C. 甲、乙各出资 50% 成立一合伙企业

D. 甲、乙、丙的父亲去世后，留下一套房子，但没有遗嘱

4. 关于共有物的分割，下列说法不正确的是(　　)。

A. 无论是按份共有还是共同共有，共有人均可约定一定期限内不得分割

B. 若没有约定或约定不明，按份共有人可以随时请求分割

C. 夫妻关系存续期间，任何一方不得请求分割共有财产

D. 共有物的分割可采取实物分割、作价补偿、变价分割等方式

5. 甲、乙的父亲去世后，留下一套房屋、数幅名家字画。房屋一直由甲居住，字画也一直存放在该房内。5 年后，乙提出分割遗产，甲以诉讼时效已过为由拒绝。后二人又达成协议，甲分得房屋，乙分得字画。但随后丙找到

乙，声明字画系其委托乙的父亲保管，要求乙将字画返还，经查，丙所说为事实。则下列说法中，正确的是(　　)。

A. 在遗产分割之前，该房屋及字画由甲和乙按份共有

B. 乙请求分割遗产的权利已过诉讼时效

C. 乙可主张依善意取得制度取得该字画的所有权

D. 乙应将字画返还给丙，同时请求重新分割遗产

二、多项选择题

1. 关于按份共有，下列说法不正确的有(　　)。

A. 以存在共有基础为前提

B. 各个共有人的权利及于共有物的全部

C. 按份共有人的份额依出资额确定

D. 处分共有物，须经全体按份共有人的同意

2. 关于共同共有，下列说法不正确的有(　　)。

A. 各共有人不分份额地对共有物享有权利、承担义务

B. 对共有物作重大修缮的，须经三分之二以上的共有人同意

C. 转让共有物时，共有人享有优先购买权

D. 共同共有关系存续期间，共有人不得请求分割共有物

3. 甲、乙、丙按不同的比例共有一套房屋，约定轮流使用。在甲居住期间，由于年久失修，房屋廊檐脱落砸伤行人丁。下列选项正确的有(　　)。

A. 甲、乙、丙应对丁承担连带赔偿责任

B. 丁有权请求甲承担赔偿责任

C. 如甲承担了全部侵权责任，则乙、丙应按各自份额分担损失

D. 甲乙丙应按份额对丁承担赔偿责任

4. 甲、乙、丙、丁按份共有一艘货船，份额分别为 10%、20%、30%、40%。甲欲将其共有份额转让，戊愿意以 50 万元的价格购买，价款一次付清。甲向其他共有人发出通知，通知上写明若行使优先购买权，应于收到通知后 15 日内提出。则关于甲的共有份额转让，下列选项错误的有(　　)。

A. 甲向戊转让其共有份额，须经乙、丙、丁同意

B. 如丙在法定期限内以 50 万元分期付款的方式要求购买该共有份额，应予支持

C. 若乙、丙、丁未在通知规定的期限内提出行使优先购买权，则丧失优先购买权

D. 若甲未予通知乙、丙、丁即将共有份额转让给戊，则乙可以请求甲、戊之间的转让合同无效

三、简答题

1. 简述按份共有的特征。
2. 简述共同共有的特征及其类型。

四、论述题

论共同共有、按份共有以及建筑物区分所有权中业主共有的区别。

五、案例分析题

李某与孟某系夫妻关系，孟某婚前有一套房屋，登记在其名下。两人有婚生子女四人。2008 年 12 月孟某去世。2014 年 11 月李某以自己的名义与某医院签订房屋转让协议书，将该房出售于该医院。医院将房款交付给李某，但因故未能及时办理登记，该房尚未过户到该医院名下。四子女遂向法院起诉，要求确认李某与医院之间签订的房屋买卖合同无效。经查，该房屋转让协议书未经四子女的同意。请回答下列问题。

（1）李某是否有权处分涉诉房屋？

（2）本案是否构成表见代理？

（3）某医院是否构成善意取得？

答案与解析

一、单项选择题

1. C 【解析】共有的客体也是特定的独立物，可以是可分物，也可以是不可分物；共有人对共有物或者按照各自的份额或者平等地享有权利；共有是对所有权的质的分割并非量的分割，并非一物之上有两个所有权，所以 A、B、D 三项错误。故正确答案为 C。

2. C 【解析】当事人对共有关系的性质未做约定，又不具有家庭关系，依《物权法》第 103 条的规定，视为按份共有。共有人的份额依该法第 101 条的规定，可以转让；又依第 98 条的规定，对共有物的管理费用以及其他负担，有约定

的，按照约定；没有约定或者约定不明确的，按份共有人按照其份额负担。故A、B、D三项表述正确。但重大修缮依《物权法》第97条的规定，应当经占份额2/3以上的按份共有人同意，除非当事人之间另有约定。故C项表述错误。本题为选非题，故正确答案为C。

3. A　**【解析】**共同共有是基于共同关系产生的共有。A项是基于共同购买行为，为按份共有。本题为选非题，故正确答案为A。

4. C　**【解析】**依《物权法》第99条的规定，A、B两项正确，C项错误。共有物的分割视共有的物的类型可以采取实物分割、作价补偿、变价分割等方式，故D项表述正确。

5. D　**【解析】**依《物权法》的规定，甲乙自父亲去世后即取得遗产的继承权，二人的共有在性质上属于共同共有，对共有物的分割请求权不适用诉讼时效。由于乙对字画并非依民事法律行为而取得且未支付合理对价，故其不能依善意取得制度取得字画的所有权。故A、B、C三项错误。此外，共有物分割后每一个共有人均承担瑕疵担保义务，当乙不能依约定取得字画所有权时，其有权要求重新分割遗产。故正确答案为D。

二、多项选择题

1. ACD　**【解析】**共同共有以共有人存在共有基础为前提，按份共有则不需要，故A项错误；按份共有人对共有的不动产或者动产享有的份额，没有约定或者约定不明确的按照出资额确定；不能确定出资额的，视为等额享有，所以C项错误。处分按份共有物的，应当经占份额三分之二以上的共有人同意，所以D项不正确。本题为选非题，故正确答案为ACD。

2. BCD　**【解析】**共同共有没有共有份额，所以各共有人不分份额地对共有物享有权利、承担义务，所以A项正确。处分共同共有物或对共同共有物进行重大修缮的，应当经全体共同共有人同意，但共有人之间另有约定的除外，所以B项错误。共同共有人不存在优先购买权，故C项错误。在存在重大理由时，即使共有基础未丧失，共有人也可以请求分割共有物，故D项错误。本题为选非题，故正确答案为BCD。

3. ABC　**【解析】**根据《物权法》第102条的规定，共有物致人损害的，法律另有规定或者第三人知道共有人不具有连带债权债务关系的除外，共有人应对受害人承担连带责任。故正确答案为ABC。

4. ABD　**【解析】**按份共有人向第三人转让其共有份额无须经过全体共有人的同意，其他共有人只是在同等条件下享有优先购买权，故A项错误。优先购买权行使的前提必须是“同等条件”，丙提出分期付款与甲、戊之间的交易条件并非同等，故B项错误。共有人未在法定期限内行使优先购买权的，丧失优先购买权，故C项正确。若共有人未予以通知其他按份共有人即将共有份额转让给第三人，其他共有人可以主张优先购买权但不能请求确认转让人与第三人之间的转让合同无效，故D项错误。本题为选非题，故正确答案为ABD。

三、简答题（略）

四、论述题（略）

五、案例分析题

【答案要点】

（1）关于系争房所有权归属的界定。涉案房屋为孟某所有。孟某去世后，该房屋由其法定继承人即李某和四子女所有，在遗产分割之前，系共同共有。处分共同共有的房屋需要经过全体共有人同意，故李某无权处分该房屋。

（2）该案不构成表见代理。构成表见代理的前提条件是无权代理人的行为符合代理的表面特征，即其必须以被代理人的名义行为，而在本案中，李某系以自己的名义与医院签订合同，其行为并不构成表见代理。

（3）某医院不构成善意取得。一方面，该房屋登记在孟某名下，医院没有理由相信李某有处分权，不能认定其为“善意”；另一方面，该房屋尚未办理转移登记。故该医院不能基于善意取得制度取得该房屋的所有权。

第14章 用益物权

一、单项选择题

1. 关于用益物权，下列说法中正确的是(　　)。

A. 用益物权的目的在于对物进行处分

B. 用益物权主要以不动产为标的物

C. 用益物权系完全物权

D. 用益物权系无期物权

2. 关于土地承包经营权，下列说法正确的是(　　)。

A. 只有集体经济组织成员才能取得土地承包经营权

B. 土地承包经营权的期限为30年

C. 土地承包经营权人依法可以将土地承包经营权予以转包、互换、转让

D. 土地承包经营权可以采取招标、拍卖、公开协商等方式设立

3. 建设用地使用权自(　　)设立。

A. 建设用地使用权出让合同生效时

B. 建设用地使用权登记时

C. 建设用地使用权人支付出让金时

D. 建设用地交付使用时

4. 关于宅基地使用权，下列说法不正确的是(　　)。

A. 集体经济组织成员系有偿取得宅基地使用权

B. 宅基地使用权依一户一宅的原则取得

C. 宅基地因自然灾害等原因灭失的，宅基地使用权消灭

D. 宅基地使用权的客体是集体所有的土地

5. 某郊区小学校为方便乘坐地铁，与相邻研究院约定，学校人员有权借研究院道路通行，每年支付一万元。据此，学校享有的权利是(　　)。

A. 相邻权　　B. 地役权

C. 建设用地使用权　　D. 宅基地使用权

6. 甲公司与乙公司约定：为满足甲公司开发住宅小区观景的需要，甲公

司向乙公司支付100万元，乙公司在20年内不在自己厂区建造6米以上的建筑。甲公司将全部房屋售出后不久，乙公司在自己的厂区建造了一栋8米高的厂房。下列选项正确的是(　　)。

A. 小区业主有权请求乙公司拆除超过6米的建筑

B. 甲公司有权请求乙公司拆除超过6米的建筑

C. 甲公司和小区业主均有权请求乙公司拆除超过6米的建筑

D. 甲公司和小区业主均无权请求乙公司拆除超过6米的建筑

二、多项选择题

1. 我国《物权法》上规定的用益物权的类型有(　　)。

A. 土地承包经营权

B. 建设用地使用权

C. 海域使用权

D. 探矿权、采矿权、取水权、养殖权、捕捞权

2. 关于土地承包经营权的设立与转让，下列表述正确的有(　　)。

A. 自土地承包经营权合同生效时设立

B. 土地承包经营权转让时，当事人要求登记的，应当办理变更登记，未经登记，不得对抗善意第三人

C. 县级以上地方政府在土地承包经营权设立时应当发放土地承包经营权证

D. 土地承包经营权自登记时设立

3. 建设用地使用权可通过以下(　　)方式取得。

A. 出让　　B. 划拨

C. 转让　　D. 继承

4. 关于住宅建设用地使用权，下列说法正确的有(　　)。

A. 住宅建设用地使用权的最长期限为70年

B. 住宅建设用地使用权的最长期限为50年

C. 住宅建设用地使用权期间届满的，自动续期

D. 住宅建设用地使用权期间届满的，地上建筑物收归国有

5. 甲公司在离海不远的地方建了一座酒店，在酒店上端的旋转餐厅就餐可以很好地欣赏海景。乙公司取得了酒店与大海之间的土地的建设用地使用权，甲公司担心乙公司修建高层建筑，会妨害在旋转餐厅的客人的视野，遂与

乙公司约定，乙公司 10 年内不修建 20 米以上的建筑，甲公司每年向乙公司支付 20 万元，双方签订了书面形式的合同，但未进行登记。如果乙公司将该土地的建设用地使用权转让给丙公司，下列说法正确的有(　　)。

A. 甲公司的地役权没有登记，不具有对抗效力

B. 丙公司是善意第三人，因此甲公司就无权要求丙公司履行地役权合同的义务

C. 甲公司的地役权对丙公司有效

D. 甲公司有权要求丙公司按照乙公司合同约定履行义务

三、简答题

1. 简述用益物权的特征。
2. 简述地役权的概念与特征。

四、论述题

1. 结合我国实际，谈谈用益物权的社会作用。
2. 论地役权与相邻关系的区别。

答案与解析

一、单项选择题

1. B 【解析】用益物权以对标的物的使用收益为主要内容，用益物权是他物权、限制物权和有期限物权，因而 A、C、D 三项皆错误。故正确答案为 B。

2. C 【解析】土地承包经营权分为两种，一种是建立在家庭联产承包制基础上的土地承包经营权，只有集体经济组织成员才享有；二是以其他方式承包产生的土地承包经营权，权利主体不限于集体经济组织成员。故 A 项错误。土地承包经营权的期限因承包土地类型的不同而有所不同，并非都是 30 年，故 B 项错误；只有承包四荒土地才能够采取招标、拍卖、公开协商等方式设立，故 D 项错误。故正确答案为 C。

3. B 【解析】依《物权法》第 139 条的规定，建设用地使用权自登记时设立。故正确答案为 B。

4. A 【解析】集体经济组织成员系无偿取得宅基地使用权，A 项错误。本题为选非题，故正确答案为 A。

5. B 【解析】地役权是指按照合同约定利用他人不动产，以提高自己不动产效益的权利。故正确答案为B。

6. A 【解析】甲乙公司之间的约定属于地役权合同，根据《物权法》第158条的规定，该合同一经生效，即在乙的厂区土地上为甲的住宅小区设定了相应的地役权。甲公司将房屋售出后，其上的地役权即转移给小区业主，业主有权向供役地义务人提出相应请求。甲公司在转让全部小区房屋后，即不再享有地役权，因此无权向乙提出请求。故正确答案为A。

二、多项选择题

1. ABCD 【解析】A、B、C、D四项均在我国《物权法》上有所规定。故正确答案为ABCD。

2. ABC 【解析】土地承包经营权自合同生效时设立而并非自登记时设立，故D项错误。故正确答案为ABC。

3. ABCD 【解析】建设用地使用权可通过出让、划拨、转让、继承等方式取得。故正确答案为ABCD。

4. AC 【解析】土地使用权的最高年限居住用地70年，依《物权法》第149条的规定，住宅建设用地使用权期间届满的，自动续期。故正确答案为AC。

5. AB 【解析】地役权自地役权合同生效时设立，未经登记不能对抗善意第三人。故正确答案为AB。

三、简答题（略）

四、论述题（略）

第15章　担保物权

一、单项选择题

1. 关于担保物权，下列说法不正确的是(　　)。

A. 担保物权具有追及力　　B. 担保物权具有物上代位性

C. 担保物权具有不可分性　　D. 担保物权可以被单独转让

2. 下列(　　)属于法定担保物权。

A. 抵押权　　B. 留置权

C. 质权　　D. 最高额抵押权

3. 甲向乙借款20万元，以自己的房屋设抵押并办理抵押权登记。后该房屋被政府征收，甲获补偿金50万元，则(　　)。

A. 若该债务已届清偿期，则乙有权要求从征收补偿金中优先受偿

B. 即使债务未届清偿期，乙也有权要求从征收补偿金中优先受偿

C. 抵押权消灭，乙不能行使抵押权

D. 抵押权消灭，乙可以要求甲另行提供担保

4. 个体工商户甲将其现有的以及将有的生产设备、原材料、半成品、产品一并抵押给乙银行，但未办理抵押登记。抵押期间，甲未经乙银行同意以合理价格将一台生产设备出卖给丙。后甲不能向乙银行履行到期债务。对此，下列选项正确的是(　　)。

A. 该抵押权因抵押物不特定而不能成立

B. 该抵押权因未办理抵押登记而不能成立

C. 该抵押权虽已成立但不能对抗善意第三人

D. 乙银行有权对丙从甲处购买的生产设备行使抵押权

5. 甲公司欠乙公司货款100万元，先由甲公司提供机器设备设定抵押权、丙公司担任保证人，后由丁公司提供房屋设定抵押权并办理了抵押登记。甲公司届期不支付货款，下列表述正确的是(　　)。

A. 乙公司应先行使机器设备抵押权

B. 乙公司应先行使房屋抵押权

C. 乙公司应先行请求丙公司承担保证责任

D. 丙公司和丁公司可相互追偿

6. 乙欠甲货款，二人商定由乙将一块红木出质。甲与丙签订委托合同授权丙代自己占有红木。乙将红木交付与丙。下列说法正确的是(　　)。

A. 甲乙之间的担保合同无效

B. 红木已交付，丙取得质权

C. 丙经甲的授权而占有，甲取得质权

D. 丙不能代理甲占有红木，因而甲未取得质权

7. 甲对乙享有10万元的债权，甲将该债权向丙出质，借款5万元。关于此项质权，下列表述正确的是(　　)。

A. 质权自甲将出质的事实通知丙时设立

B. 质权自质权合同生效时设立

C. 质权自办理出质登记时设立

D. 质权设立后甲可将债权予以转让

8. 同升公司以一套价值100万元的设备作为抵押，向甲借款10万元，未办理抵押登记手续。同升公司又向乙借款80万元，以该套设备作为抵押，并办理了抵押登记手续。同升公司不小心损坏了该套设备送丁修理，因欠丁5万元修理费，该套设备被丁留置。关于甲、乙、丁对该套设备享有的担保物权的清偿顺序，下列排列正确的是(　　)。

A. 甲乙丁　　B. 乙丁甲

C. 丁甲乙　　D. 丁乙甲

9. 关于浮动抵押财产的确定时间，下列说法错误的是(　　)。

A. 债务履行期届满，债权未实现

B. 抵押人被宣告破产或者被撤销

C. 当事人约定的实现抵押权的情形

D. 抵押合同生效之时

10. 下列表述正确的是(　　)。

A. 债权转让的，抵押权均随之转让

B. 第三人提供担保的，于债务转让的情形，不再承担担保责任

C. 主债权消灭的，担保物权也随之消灭

D. 未经出质人同意，质权人不得转质

二、多项选择题

1. 甲向乙借款，欲以轿车作担保。关于担保，下列选项错误的有(　　)。

A. 甲可就该轿车既可以设立质权，也可以设抵押权

B. 甲乙可以约定若甲到期不能偿还借款，则轿车所有权归乙所有

C. 就该轿车的抵押权自登记时设立

D. 就该轿车的质权自合同生效时设立

2. 甲公司向乙银行贷款，丙公司作为甲公司的连带责任保证人，同时甲公司将自己所有的办公楼作为抵押，丁公司也以自己所有的厂房作为抵押。甲公司、丙公司和丁公司未与乙银行约定甲公司、丙公司和丁公司之间的担保顺序和比例。甲公司到期无力还本付息。则下列选项正确的是(　　)。

A. 乙银行应当先就甲公司提供的办公楼行使抵押权

B. 乙银行应当先就丁公司提供的厂房行使抵押权

C. 乙银行应当先要求丙公司承担保证责任

D. 就甲公司提供的办公楼行使抵押权后仍有未实现的债权的，乙银行可以就丁公司的厂房行使抵押权，也可以要求丙公司承担保证责任

3. 王某向张某借款，以自己所有的一台笔记本电脑作为质押。张某又将该电脑出质给李某，李某以为电脑归张某所有，后张某到期不能履行债务，下列说法正确的有(　　)。

A. 张某到期不能履行债务，李某无权行使质权

B. 李某是善意第三人，取得质权

C. 王某的损失由张某承担

D. 王某可以向李某请求返还电脑

4. 某农村养殖户为扩大规模向银行借款，欲以其财产设立浮动抵押。对此，下列表述正确的有(　　)。

A. 该养殖户可将存栏的养殖物作为抵押财产，抵押权自抵押合同生效时设立

B. 抵押登记机关为抵押财产所在地的工商部门

C. 抵押登记可对抗任何善意第三人

D. 如借款到期未还，抵押财产自借款到期时确定

5. 甲对乙享有债权 500 万元，先后在丙和丁的房屋上设定了抵押权，均办理了登记，且均未限定抵押物的担保金额。其后，甲将其中 200 万元债权转

让给戊，并通知了乙。乙到期清偿了对甲的300万元债务，但未能清偿对戊的200万元债务。对此，下列选项错误的有(　　)。

A. 戊可同时就丙和丁的房屋行使抵押权，但对每个房屋价款优先受偿权的金额不得超过100万元

B. 戊可同时就丙和丁的房屋行使抵押权，对每个房屋价款优先受偿权的金额依房屋价值的比例确定

C. 戊必须先后就丙和丁的房屋行使抵押权，对每个房屋价款优先受偿权的金额由戊自主决定

D. 戊只能在丙的房屋价款不足以使其债权得到全部清偿时就丁的房屋行使抵押权

6. 2014年7月1日，甲公司、乙公司和张某签订了《个人最高额抵押协议》，张某将其房屋抵押给乙公司，担保甲公司在一周前所欠乙公司货款300万元，最高债权额400万元，并办理了最高额抵押登记，债权确定期间为2014年7月2日到2015年7月1日。债权确定期间内，甲公司因从乙公司分批次进货，又欠乙公司100万元。甲公司未还款。关于有抵押担保的债权额和抵押权期间，下列选项正确的有(　　)。

A. 债权额为100万元

B. 债权额为400万元

C. 抵押权行使期间为1年

D. 抵押权行使期间为主债权诉讼时效期间

7. 下列属于担保物权的担保范围的有(　　)。

A. 主债权及其利息　　B. 违约金

C. 损害赔偿金　　D. 保管担保财产和实现担保物权的费用

8. 关于留置权，下列说法正确的有(　　)。

A. 只有运输合同、加工承揽合同以及保管合同中的债权人才能够行使留置权

B. 债权人留置的动产，均应当与债权属于同一法律关系

C. 留置权人有权收取留置财产的孳息

D. 留置权人对留置财产丧失占有或者留置权人接受债务人另行提供担保的，留置权消灭

9. 下列选项中不得抵押的有(　　)。

A. 集体土地所有权

B. 公立医院的医疗器械
C. 所有权不明的财产
D. 正在建造的建筑物
10. 关于担保物权的实现，下列说法不正确的有(　　)。
A. 只有在债务人不履行到期债务的情形下才能行使担保物权
B. 担保物权人只能通过法院行使担保物权
C. 抵押权人与抵押人可就抵押权实现的方式达成协议
D. 留置财产一经留置，留置权人即可行使留置权

三、简答题

1. 简述担保物权的特征。
2. 简述留置权的成立条件。
3. 简述最高额抵押权的特征。

四、论述题

论担保物权的竞合。

五、案例分析题

甲公司于 2016 年 6 月 4 日向乙农村信用合作联社（以下简称乙合作社）下属的一家合作社贷款 100 万元，并以自己公司价值 230 万元的设备，以及将有的半成品、产品，为乙合作社设定抵押，但没有办理抵押登记。2016 年 6 月 20 日和 25 日，甲公司又分别向丙银行和丁银行各贷款 50 万元，亦以上述设备、半成品和产品作抵押，并分别于 2016 年 6 月 28 日和 29 日办理了抵押登记。2016 年 7 月 3 日，甲公司又向戊银行贷款 50 万元，也以上述设备、半成品、产品抵押，但未办理抵押登记。戊银行要求甲公司再提供其他担保，甲公司的生意合作伙伴已公司为戊银行出具了一份文书，表明自己愿意为甲公司和戊银行间的贷款合同作保证人，戊银行收到该文书后未作任何表示。2017 年 11 月 28 日，甲公司的各项贷款均已到期且未偿还，乙合作社、丙银行、丁银行、戊银行均主张自己的抵押权。请回答下列问题。

（1）甲公司以现有的生产设备和将有的半成品、产品为各金融机构设立的抵押权是否成立？为什么？

（2）何家金融机构是第一顺序抵押权人？为什么？

(3) 乙合作社的抵押权和戊银行的抵押权之间的顺序关系如何？为什么？

(4) 若戊银行对甲公司表示放弃自己的抵押权，则该银行还可以向何人主张何种权利？为什么？

(5) 若后来法院查明作为抵押物的30台平缝机为甲公司以所有权保留的形式向其他公司购得，至今因货款尚未付清而没有取得所有权，但案中金融机构对此均毫不知情，则它们是否可以取得其上的抵押权？为什么？

(6) 若甲公司与乙合作社之间的借款合同无效，则甲公司是否还需要对已合作社承担担保责任？为什么？

答案与解析

一、单项选择题

1. D 【解析】担保物权具有从属性，其不可以被单独转让。本题为选非题，故正确答案为D。

2. B 【解析】抵押权、质权均为意定担保物权，留置权为法定担保物权。故正确答案为B。

3. A 【解析】抵押权具有物上代位性，抵押权人可以从补偿金中优先受偿。履行期未届满的，可以提存该补偿金。故正确答案为A。

4. C 【解析】本题考查对浮动抵押的理解。依《物权法》的规定，浮动抵押采取登记对抗要件主义，即抵押权自抵押合同生效时设立，未经登记，不得对抗善意第三人。且设浮动抵押的，抵押权不得对抗正常经营活动中已支付合理价款并取得抵押财产的买受人。故正确答案为C。

5. A 【解析】本题涉及既有物的担保又有人的担保的处理。依《物权法》第176条的规定，正确答案为A。

6. C 【解析】根据《物权法》的规定，质押合同自签订生效，质权自交付质物时生效。因此，甲、乙之间的质押合同有效。丙虽然受领交付，但并未签订质押合同，故丙未取得质权。甲虽未受领现实交付，但其委托乙代其占有交付，视为已交付。故甲取得质权。故正确答案为C。

7. C 【解析】本题涉及应收账款的出质。依《物权法》第228条的规定，以应收账款出质的，当事人应当订立书面合同。质权自信贷征信机构办理出质登记时设立。“通知”并非质权的设立要件。应收账款出质后，不得转让，但经出质人与质权人协商同意的除外。故正确答案为C。

8. D　【解析】根据《物权法》第 239 条和第 199 条的规定，留置权优先于抵押权。登记的抵押权优先于未登记的抵押权。故正确答案为 D。

9. D　【解析】浮动抵押的特点就在于抵押合同生效时抵押财产不能确定，故 D 项错误。本题为选非题，故正确答案为 D。

10. C　【解析】债权转让时，抵押权也随之转让，但法律另有规定或当事人另有约定的除外（如最高额抵押权的部分债权转让，抵押权并不转让），故 A 项错误。第三人提供担保的，若未经其同意债权人允许债务人转让债务，则担保权人不再承担担保责任，故 B 项错误。未经出质人同意，质权人并非不能转质，只是在造成质押财产毁损、灭失的，应当向出质人承担赔偿责任。故 D 项错误。担保物权具有从属性，主债权消灭，担保物权也随之消灭，故 C 项正确。故正确答案为 C。

二、多项选择题

1. BCD　【解析】机动车既可设立抵押也可设立质押。动产抵押自抵押合同生效时设立，动产质权自交付质物时设立。当事人不得约定流押条款即不得在债务履行期届满前，约定债务人不履行到期债务时抵押财产或质押财产归债权人所有。故 B、C、D 三项的表述错误。本题为选非题，故正确答案为 BCD。

2. AD　【解析】根据《物权法》第 176 条的规定，正确答案为 AD。

3. BC　【解析】质权可以适用善意取得制度，故李某可依善意取得制度取得质权，王某的损失由无权处分人张某承担。故正确答案为 BC。

4. AD　【解析】本题涉及对动产浮动抵押的理解，浮动抵押自抵押合同生效时设立，未经登记，不得对抗善意第三人；但即使登记，也不能对抗正常经营活动中已支付合理价款并取得抵押财产的买受人；抵押登记机关为抵押人住所所在地的工商部门。故正确答案为 AD。

5. ABCD　【解析】主债权被分割或者部分转让的，各债权人可以就其享有的债权份额行使抵押权。据此可知，戊可就其享有的债权份额行使抵押权。本案中，丙、丁对其提供的抵押财产所担保的债权份额和顺序没有约定，构成连带共同抵押。因此，戊行使抵押权时无份额和先后顺序的限制。本题为选非题，故正确答案为 ABCD。

6. BD　【解析】根据《物权法》第 203 条第 1 款的规定，抵押担保的债权额为 400 万元。又根据《物权法》第 202 条的规定，抵押权人应当在主债权诉讼时效期间行使抵押权。故正确答案为 BD。

7. ABCD　【解析】A、B、C、D 四项均属于担保物权的担保范围。

8. CD　【解析】留置权适用于债权人已经合法占有债务人财产的情形，不限于运输合同、加工承揽合同以及保管合同等，故A项错误；债权人留置的动产，应当与债权属于同一法律关系，但企业之间留置的除外，故B项错误。

9. ABC 【解析】土地所有权、以公益为目的的公立医院的医疗卫生设施，以及所有权人不明的物不得抵押；正在建造的建筑物、船舶、航空器可以抵押。

10. ABD 【解析】担保物权通常在债务人不履行到期债务时行使，但如果发生当事人约定担保物权实现的事由时也可以行使，故A项错误；担保物权并非一定要经过法院实现，当事人可以协商确定担保物权的实现方式，故B项错误；留置财产被留置后，在约定或法定的债务履行期间债务人未履行债务，留置权人才可以行使留置权，故D项错误。本题为选非题，故正确答案为ABD。

三、简答题（略）

四、论述题（略）

五、案例分析题

【答案要点】

（1）成立。属于浮动抵押，自抵押合同成立时设立。

（2）丙银行。因为登记在先。

（3）乙合作社的抵押权和戊银行的抵押权处于同一顺序。因为均未登记，受偿顺序相同，按照债权比例清偿。

（4）还可向己公司主张保证债权。第三人单方以书面形式向债权人出具担保书，债权人接受且未提出异议的，保证合同成立。只是依《物权法》第194条第2款之规定，若己公司未承诺对戊银行放弃抵押权的部分仍然提供担保，则己公司对戊银行因抵押权的放弃而丧失优先受偿权益的范围内免除保证责任。

（5）可以取得抵押权。因为属于善意取得。

（6）担保合同是主债权债务合同的从合同。主债权债务合同无效，担保合同原则上无效，故甲公司无须再承担担保责任。担保合同被确认无效后，若甲公司、乙合作社有过错的，应当根据其过错各自承担相应的民事责任。

第 16 章　占　有

一、单项选择题

1. 以下不属于民法上的占有的情况是(　　)。

A. 甲因借用合同而占有乙的自行车

B. 甲拾得一个钱包

C. 甲偷得乙的笔记本电脑放在家中

D. 甲到乙家做客，使用乙的餐具

2. 承租人对租赁物的占有属于(　　)。

A. 自主占有　　B. 他主占有

C. 善意占有　　D. 恶意占有

3. 甲、乙是邻居。乙出国 2 年，甲将乙的停车位占为己用。期间，甲将该停车位出租给丙，租期 1 年。期满后丙表示不再续租，但仍继续使用该停车位。下列表述错误的是(　　)。

A. 甲将乙的停车位占为己用，甲属于恶意、无权占有人

B. 丙的租期届满前，甲不能对丙主张占有返还请求权

C. 乙可以请求甲返还原物。在甲为间接占有人时，可以对甲请求让与其对丙的租赁物返还请求权

D. 乙可对丙行使占有返还请求权

4. 甲购买一套房屋登记在自己名下，被乙非法侵占。则下列说法不正确的是(　　)。

A. 甲对乙享有返还原物请求权

B. 甲对乙享有占有返还请求权

C. 甲对乙的占有返还请求权须在侵占之日起一年内行使

D. 甲对乙的返还原物请求权须在侵占之日起三年内行使

5. 甲、乙就乙手中的一枚宝石戒指的归属发生争议。甲称该戒指是其在 2015 年 10 月 1 日外出旅游时让乙保管，属甲所有，现要求乙返还。乙称该戒指为自己所有，拒绝返还。甲无法证明对该戒指拥有所有权，但能够证明在

2015年10月1日前一直合法占有该戒指，乙则拒绝提供自2015年10月1日后从甲处合法取得戒指的任何证据。对此，下列说法正确的是(　　)。

A. 应推定乙对戒指享有合法权利，因占有具有权利公示性

B. 应当认定甲对戒指享有合法权利，因其证明了自己的先前占有

C. 应当由甲、乙证明自己拥有所有权，否则应判决归国家所有

D. 应当认定由甲、乙共同共有

二、多项选择题

1. 丙找甲借自行车，甲的自行车与乙的很像，均放于楼下车棚。丙错认乙车为甲车，遂把乙车骑走。甲告知丙骑错车，丙未理睬。某日，丙骑车购物，将车放在商店楼下，因墙体倒塌将车砸坏。下列表述正确的有(　　)。

A. 丙错认乙车为甲车而占有，属于无权占有人

B. 甲告知丙骑错车前，丙修车的必要费用，乙应当偿还

C. 无论丙是否知道骑错车，乙均有权对其行使占有返还请求权

D. 对于乙车的毁损，丙应当承担赔偿责任

2. 某日，某地暴雨倾盆，山洪暴发，张某在村边的河里发现了一只顺流而下的绵羊，张某将绵羊打捞起来，带回家中据为己有。几天后，李某找到张某，告诉绵羊是自己帮王某看管的，要求张某归还绵羊。下列说法正确的有(　　)。

A. 张某应向李某返还绵羊

B. 张某应向李某返还绵羊不必返还羊毛

C. 张某无权要求李某支付喂养绵羊的费用

D. 张某有权要求李某支付喂养绵羊的费用

3. 甲向乙借款5000元，并将自己的一台笔记本电脑出质给乙。乙在出质期间将电脑无偿借给丙使用。丁因丙欠钱不还，趁丙不注意时拿走电脑并向丙声称要以其抵债。下列选项正确的有(　　)。

A. 甲有权基于其所有权请求丁返还电脑

B. 乙有权基于其质权请求丁返还电脑

C. 丙有权基于其占有被侵害请求丁返还电脑

D. 丁有权主张以电脑抵偿丙对自己的债务

4. 甲拾得乙的手机，以市价卖给不知情的丙并交付。丙把手机交给丁维修。修好后丙拒付部分维修费，丁将手机扣下。关于手机的占有状态，下列选项正确的有(　　)。

A. 乙丢失手机后，由直接占有变为间接占有

B. 甲为无权占有、自主占有

C. 丙为无权占有、善意占有

D. 丁为有权占有、他主占有

5. 甲将一套房屋出卖给乙，已经移转占有，没有办理房屋所有权移转登记。现甲死亡，该房屋由其子丙继承。丙在继承房屋后又将该房屋出卖给丁，并办理了房屋所有权移转登记。下列表述正确的有(　　)。

A. 乙虽然没有取得房屋所有权，但是基于甲的意思取得占有，乙为有权占有

B. 乙可以对甲的继承人丙主张有权占有

C. 乙可以对丁主张有权占有

D. 在丁取得房屋所有权后，丁可以基于其所有权请求乙返还房屋

三、简答题

1. 简述占有的特征。

2. 简述善意占有与恶意占有的区别。

四、论述题

论占有的民法保护。

五、案例分析题

2007 年 3 月 30 日，甲与乙公司签订了《商品房买卖合同》，甲购买乙公司开发的某套房屋，合同于签订当日即在房管局办理了商品房预售合同备案登记，乙公司以预购房屋向某银行作抵押，并办理了预购商品房贷款抵押登记手续。2010 年 6 月，甲办理了交房手续并领取了房屋钥匙，但一直未办理房屋所有权登记，甲对房屋一直未装修入住，仅在房屋内堆放了少量杂物。2016 年 3 月 19 日，甲准备入住该房屋时，发现房屋被丙居住。甲遂向法院提起诉讼，主张丙返还房屋并赔偿损失 24 000 元。丙辩称，其系于 2015 年 4 月 21 日向丁购买的此房，丁声称此房系他购买，但尚未办理登记手续，丙从该栋楼别的住户那里了解房屋都没有办理产权登记，且价格仅为市价的一半，便当即购买并于购房次日就在该房居住（也未办理过户登记）。

请结合上述事实回答：甲是否有权请求丙返还房屋并赔偿损失？

答案与解析

一、单项选择题

1. D 【解析】占有是对物在事实上的占领、控制，甲因做客使用乙的餐具只是暂时的持有，并非占有。本题为选非题，故正确答案为D。

2. B 【解析】善意占有和恶意占有是无权占有的一种分类。承租人对租赁物的占有具有合法权源，为有权占有，并非无权占有。故C、D两项错误。承租人并非以所有的意思占有，故为他主占有而非自主占有。故正确答案为B。

3. D 【解析】甲明知其占有乙的停车位是非法的仍为占有，属于无权占有、恶意占有，故A项正确；丙系基于租赁合同而占有，并非侵夺甲的占有，故在租期届满前，甲不能对丙主张占有返还请求权，故B项正确；甲将占有物出租，由直接占有人变为间接占有人时，其作为侵占人的地位仍然存在，故乙可基于所有权请求甲返还原物，也可以请求甲让与其对丙的返还请求权，故C项正确。就D项而言，一方面，其未考虑到丙是善意占有还是恶意占有的情形，另一方面忽略了占有返还请求权受1年期间限制，故D项错误。本题为选非题，故正确答案为D。

4. D 【解析】甲基于所有权享有返还原物请求权，基于占有享有占有返还请求权。前者因涉及已登记的房屋，依《民法总则》的规定不受诉讼时效的限制；后者依《物权法》的规定，须在侵占之日起一年内行使。本题为选非题，故正确答案为D。

5. B 【解析】占有具有权利推定效力，即推定占有人对占有物行使的权利合法。但该推定可为反证推翻。本案中，甲、乙均主张自己为宝石戒指的所有人，甲能够证明其在2015年10月1日前一直合法占有该戒指，乙则拒绝提供自2015年10月1日后从甲处合法取得戒指的任何证据。因甲证明了其先前占有的合法性，而乙没有证明其现在占有的合法性，故推定戒指的所有权归甲享有。故正确答案为B。

二、多项选择题

1. ABCD 【解析】丙的占有，缺乏占有的权源，属于无权占有；但在甲告知前，丙属于善意占有，修车的必要费用应由乙偿还（《物权法》第243条）；由于丙系无权占有，无论是否是善意，乙均有权请求其返还占有；丙知道骑错车后，自善意占有转变为恶意占有，依《物权法》第244条的规定，对于权利人的损失，恶意占有人应予赔偿。四个选项均正确，故正确答案为ABCD。

2. AC 【解析】根据《物权法》第243条的规定，无权占有人在返还占有物时，应返还原物及其孳息，善意占有人有权要求扣除其因维护该不动产或动产支出的必要费用，恶意占有人则没有此项权利。张某应向李某返还绵羊和绵羊的孳息羊毛。张某系恶意占有，所以无权要求李某支付喂养绵羊的费用。故正确答案为AC。

3. ABC 【解析】丁系无权占有，无权主张以电脑抵债。故正确答案为ABC。

4. ABCD 【解析】乙丢失手机后不再对手机直接控制，但享有返还请求权，故为间接占有；甲拾得手机后据为己有，且以所有的意思占有，为无权占有、自主占有；丙购买遗失物，不能取得手机的所有权，其占有为无权占有、善意占有；丁基于维修合同而占有，并非以所有的意思而占有，为有权占有、他主占有。故正确答案为ABCD。

5. ABD 【解析】甲、乙间的房屋买卖合同有效，乙基于买卖合同的债权而占有房屋，具有占有的权源，属于有权占有，故A项正确。丙继承房屋替代甲成为甲、乙间买卖合同的当事人，乙相对于丙也属于有权占有人，故B项正确。丁取得房屋所有权，乙相对于丁为无权占有人，丁可对乙行使返还原物请求权，故D项正确，C项错误。故正确答案为ABD。

三、简答题（略）

四、论述题（略）

五、案例分析题

【答案要点】

该案存在以下法律关系：一是甲与乙之间的房屋买卖合同关系；二是丙与丁之间的房屋买卖合同关系。在前一个法律关系中，甲虽然未办登记，但已经合法占有房屋，系涉案房屋的合法占有人。在后一个法律关系中，丙在购买房屋时很难认定其为善意，故不受善意取得制度的保护，其并未取得房屋的所有权。故丙对房屋并非合法占有。甲作为合法占有人，有权依《物权法》第245条的规定，请求丙返还占有，并有权就因侵占造成的损害向丙请求损害赔偿。据此，甲有权请求丙返还房屋，并对其造成的损害承担赔偿责任。

第 17 章　债概述

一、单项选择题

1. 甲公司向银行贷款 1000 万元，乙公司和丙公司向银行分别出具担保函："在甲公司不按时偿还 1000 万元本息时，本公司承担保证责任。"关于乙公司和丙公司对银行的保证债务，下列表述正确的是(　　)。

A. 属于选择之债　　　　B. 属于连带之债

C. 属于按份之债　　　　D. 属于多数人之债

2. 根据民法的基本原理，债的客体是(　　)。

A. 物　　　　B. 给付

C. 智力成果　　　　D. 人身利益

3. 甲到乙电器商城购买冰箱，甲测试了某品牌、型号的一台冰箱后，双方约定购买该台冰箱，并于次日提货。根据民法的基本原理，这种合同之债属于(　　)。

A. 种类之债　　　　B. 特定之债

C. 货币之债　　　　D. 利息之债

4. 甲公司和乙公司签订买卖合同，合同约定：甲公司从乙公司购买 A 型号机器设备或者 B 型号机器设备，在交货 15 天前，甲公司需通知乙公司，确定具体的购买型号。根据民法的基本原理，这种合同之债属于(　　)。

A. 简单之债　　　　B. 选择之债

C. 种类之债　　　　D. 特定之债

5. 一日清晨，甲发现一头牛趴在自家门前，便将其拴在自家院内，打探失主未果。时值春耕，甲用该牛耕种自家田地。期间该牛因劳累过度得病，甲花费 300 元将其治好。两年后，牛的主人乙寻牛来到甲处，要求甲返还，甲拒绝返还。下列说法正确的是(　　)。

A. 甲应返还牛，但有权要求乙支付 300 元

B. 甲应返还牛，但无权要求乙支付 300 元

C. 甲不应返还牛，但乙有权要求甲赔偿损失

D. 甲不应返还牛，无权要求乙支付 300 元

6. 蔡某门前公路上有一泥沟。某日，一货车经过泥沟，由于颠簸掉落货物一件，被蔡某拾得据为己有。蔡某发现有利可图，遂将泥沟挖深半尺。次日，果然又拾得两袋车上颠落的货包。关于蔡某行为的性质，下列选项正确的是(　　)。

A. 无因管理和侵权行为　　B. 不当得利

C. 无因管理和不当得利　　D. 不当得利和侵权行为

7. 甲、乙与丙就交通事故在交管部门的主持下达成《调解协议书》，由甲、乙分别赔偿丙 5 万元，甲当即履行。乙赔了 1 万元，余下 4 万元给丙打了欠条。乙到期后未履行，丙多次催讨未果，遂持《调解协议书》与欠条向法院起诉。下列表述正确的是(　　)。

A. 本案属侵权之债

B. 本案属合同之债

C. 如丙获得工伤补偿，乙可主张相应免责

D. 丙可要求甲继续赔偿 4 万元

8. 薛某驾车撞死一行人，交警大队确定薛某负全责。鉴于找不到死者亲属，交警大队调处后代权利人向薛某预收了 6 万元赔偿费，商定待找到权利人后再行转交。因一直未找到权利人，薛某诉请交警大队返还 6 万元。根据社会主义法治理念公平正义要求和相关法律规定，下列表述正确的是(　　)。

A. 薛某是义务人，但无对应权利人，让薛某承担赔偿义务，违反了权利义务相一致的原则

B. 交警大队未受损失而保有 6 万元，形成不当得利，应予退还

C. 交警大队代收 6 万元，依法行使行政职权，与薛某形成合法有效的行政法律关系，无须退还

D. 如确实未找到权利人，交警大队代收的 6 万元为无主财产，应收归国库

9. 甲对乙说："如果你在三年内考上公务员，我愿将自己的一套住房或者一辆宝马轿车相赠。"乙同意。两年后，乙考取某国家机关职位。关于甲与乙的约定，下列说法正确的是(　　)。

A. 属于种类之债　　B. 属于选择之债

C. 属于连带之债　　D. 属于劳务之债

二、多项选择题

1. 根据民法的基本原理，债的发生原因包括(　　)。

A. 合同　　B. 侵权行为

C. 缔约上的过错　　D. 单独行为

2. 下列关于连带债务效力的表述中，正确的有(　　)。

A. 连带债务的效力包括对外效力和对内效力

B. 连带债务人都有义务承担全部债务，对外承担债务不受份额的限制

C. 连带债务人之间不存在份额

D. 连带债务人之间存在份额，对外履行债务超出其应担份额的债务人可以向其他债务人追偿

3. 婷婷满一周岁，其父母将某影楼摄影师请到家中为其拍摄纪念照，并要求影楼不得保留底片用作他途。相片洗出后，影楼违反约定将婷婷相片制成挂历出售，获利颇丰。本案中存在的债的关系包括(　　)。

A. 承揽合同之债　　B. 委托合同之债

C. 侵权行为之债　　D. 不当得利之债

4. 甲、乙与丙签订了一份购销合同，约定丙供给甲、乙原油 3000 吨，每吨价格为 2500 元，原油运到甲、乙所在地车站后，甲和乙按 4∶6 的比例分配并按该比例付款。关于该合同之债的种类，下列选项正确的有(　　)。

A. 多数人之债　　B. 按份之债

C. 简单之债　　D. 特定之债

三、简答题

1. 简述债的标的的要件及其给付对象。

2. 简述合同相对性的概念、表现及其突破。

四、论述题

论债权的特征及其一般效力。

答案与解析

一、单项选择题

1. B　【解析】多数人之债包括按份之债和连带之债。连带债务是指数人负有同一债务，其中每个人都有对债权人履行全部债务的义务。故正确答案为 B。

2. B　【解析】根据民法的基本原理，债的客体是给付。即根据请求为或者不为某种行为。包括交付财物、支付金钱、转移权利、提供劳务、提交成果及不作为。故正确答案为 B。

3. B　【解析】以特定给付为标的的债称为特定之债。故正确答案为 B。

4. B　【解析】选择之债是指债的客体或者其他要素为两项以上，当事人可以选择其一进行履行的债。故正确答案为 B。

5. B　【解析】本题考查不当得利的返还。本题中，甲拾得乙的牛属于不当得利，应当返还给失主。因此，C、D 两项错误。本题中，甲花费的 300 元是因为甲使用该牛，致其劳累过度而生病所花费的费用，而非单纯的保管费用。另外，即便 300 元属于合理的保管遗失物的费用，甲最后拒绝返还的行为说明甲有侵占遗失物的意思，根据《物权法》第 112 条第 3 款的规定，其也无权请求乙支付 300 元。因此，A 项错误，B 项正确。

6. D　【解析】本题中，蔡某起初拾得颠簸掉落的一件货物并据为己有，属于没有合法根据而获利，并使他人利益受损的情况，构成不当得利。后来，蔡某发现有利可图，遂将泥沟挖深半尺。次日，果然又拾得两袋车上颠落的货包，属于故意侵害他人财产权的侵权行为。故正确答案为 D。

7. B　【解析】本题中，丙持《调解协议书》与欠条向法院起诉，说明其是依据合同关系提起诉讼，而非侵权关系，据此 A 项错误，B 项正确。C 项所述毫无法律依据，获得工伤补偿不是违约的免责事由，因此 C 项错误。《调解协议书》约定由甲、乙分别赔偿丙 5 万元，说明甲、乙二人并非连带债务人，因此丙只能要求乙继续赔偿 4 万元，不能向甲追索，故 D 项错误。

8. D　【解析】A 项有两点错误：第一，6 万元赔偿费的权利人是死者的继承人，本案中虽然未找到权利人，但并不意味着没有权利人；第二，权利义务相一致原则指的是权利人在享有权利的同时应承担相应的义务，题目所述的情况与该原则不符。因此 A 项错误。本题中交警大队只是代收 6 万元，并未取得财产利益，因此不构成不当得利，故 B 项错误。本题中，交警大队实际上有两个行为：一是确定交通事故责任的归属，这是行政行为；二是预收赔偿费并商定转交，并不是行政行为。故C项错误。《中华人民共和国继承法》第32条规定，无人继承又无人受遗赠的遗产，归国家所有。故正确答案为D。

9. B 【解析】本题考查债的分类。甲、乙约定的时候标的物已经确定，即甲的一套住房或一辆宝马车，所以该债属于特定之债，而非种类之债。因此，A项错误。本题中，存在两个标的物可供选择，即一个是住房，另外一个是宝马车，属于选择之债，而非简单之债。因此，B项正确。本题中只有一个债务人和一个债权人，不存在连带之债或按份之债的问题。因此，C项错误。本题中债的标的物为给付财物，属于财物之债，而非劳务之债。因此，D项错误。故正确答案为B。

二、多项选择题

1. ABCD 【解析】根据民法的基本原理，债的发生原因包括合同、侵权行为、缔约上的过错、单独行为、无因管理、不当得利。故正确答案为ABCD。

2. ABD 【解析】根据规定，负有连带义务的每个债务人，都负有清偿全部债务的义务，履行义务的人，有权要求其他负有连带义务的人偿付他应当承担的份额。连带债务人在内部关系上的份额，当事人有特别约定的，依照约定处理；法律有特别规定的，依照规定处理；当事人既无约定，法律又无规定的，为均等份额。故正确答案为ABD。

3. ACD 【解析】婷婷父母请某影楼摄影师到家中为其拍摄纪念照的行为，构成加工承揽合同，在婷婷父母与某影楼之间形成承揽合同之债。影楼擅自将婷婷相片制成挂历出售的行为构成对婷婷肖像权的侵害，在婷婷与某影楼之间形成侵权之债。根据《民法总则》第122条的规定，影楼制成挂历出售所获收益，系侵害婷婷肖像权所得，并无合法根据，影楼应将所获利益返还利益受损的婷婷，由此在婷婷与某影楼之间形成不当得利之债。故正确答案应为ACD。

4. ABC 【解析】本题中合同当事人的一方是甲、乙两人，所以属于多数人之债，故A项正确。本题中，合同约定“甲和乙按4∶6的比例分配并按该比例付款”，因此属于按份之债，故B项正确。本题中的合同履行没有可选择性，因此属于简单之债，故C项正确。本题合同中的标的物“3000吨原油”不是特定物，而是种类物，因此属于种类之债，故D项错误。故正确答案为ABC。

三、简答题（略）

四、论述题（略）

第 18 章　合同概述

一、单项选择题

1. 下列协议中，不能适用《合同法》的是(　　)。

A. 收养协议　　B. 政府采购协议

C. 专利转让协议　　D. 股权转让协议

2. 下列合同中，属于单务合同的是(　　)。

A. 买卖合同　　B. 赠与合同

C. 租赁合同　　D. 运输合同

3. 下列合同中，属于实践（要物）合同的是(　　)。

A. 自然人之间的借款合同　　B. 买卖合同

C. 租赁合同　　D. 建设工程合同

4. 下列合同中属于无偿合同的是(　　)。

A. 买卖合同　　B. 租赁合同

C. 保证合同　　D. 运输合同

二、多项选择题

1. 下列合同中，属于要式合同的有(　　)。

A. 买卖合同　　B. 租赁合同

C. 保证合同　　D. 建设工程合同

2. 甲、乙双方达成协议，约定甲将房屋无偿提供给乙居住，乙则无偿教甲的女儿学钢琴。对于该协议，下列说法正确的有(　　)。

A. 属于无名合同

B. 属于实践合同

C. 应适用《合同法》总则的规定

D. 可以参照适用《合同法》关于租赁合同的规定

3. 下列合同中，既可以是有偿合同也可以是无偿合同的有(　　)。

A. 保管合同　　B. 委托合同

C. 借款合同　　D. 互易合同

4. 下列合同中，属于要物合同的有(　　)。

A. 租赁合同　　B. 自然人之间的借款合同

C. 互易合同　　D. 保管合同

答案与解析

一、单项选择题

1. A　**【解析】**根据《合同法》的规定，婚姻、收养、监护等有关身份关系的协议，不适用《合同法》的调整。故正确答案为A。

2. B　**【解析】**赠与合同中只有赠与人负有义务，受赠方只有权利，没有义务。故正确答案为B。

3. A　**【解析】**根据《合同法》第210条的规定，自然人之间的借款合同，自贷款人提供借款时生效。故正确答案为A。

4. C　**【解析】**保证合同中，保证人承担保证责任，债权人无须支付报酬。故正确答案为C。

二、多项选择题

1. CD　**【解析】**根据《担保法》第13条和《合同法》第270条的规定，保证合同和建设工程合同必须采用书面形式。故正确答案为CD。

2. ACD　**【解析】**《合同法》规定了15种有名合同，不属于这15种合同的都是无名合同。对于无名合同，也和有名合同一样，可以受到《合同法》总则的调整。也可以参照《合同法》分则或者其他法律最相类似的规定，采用类推的方式予以适用。实践合同，是指除双方当事人意思表示一致以外，尚须交付标的物或完成其给付才能成立的合同。故正确答案为ACD。

3. ABC　**【解析】**依据《合同法》第366条、第406条和第211条的规定，保管合同、委托合同和借款合同既可以是有偿合同，也可以是无偿合同。互易的本质，是两个买卖的结合，因此，它必然是有偿合同。故正确答案为ABC。

4. BD　**【解析】**根据《合同法》第210条和367条的规定，自然人之间的借款合同和保管合同均属于实践合同，即要物合同。故正确答案为BD。

第 19 章　合同的订立与生效

一、单项选择题

1. 甲公司于 2016 年 8 月 10 日通过报纸发布广告，称其有 HK 型号的笔记本电脑出售，每台售价为 6500 元，随到随购，数量不限。广告有效期至 8 月 31 日。乙公司看到广告后，便委托业务员张某携带现金 13 万元于 8 月 28 日到甲公司购买该型号的电脑，但甲公司却称，广告中的电脑已经全部售完。乙公司为此受到一定的经济损失。根据合同法律制度的规定，下列表述中正确的是(　　)。

A. 甲公司的广告构成要约，乙公司的行为构成承诺，甲公司不承担违约责任

B. 甲公司的广告构成要约，乙公司的行为构成承诺，甲公司应当承担违约责任

C. 甲公司的广告不构成要约，乙公司的行为不构成承诺，甲公司不承担民事责任

D. 甲公司的广告构成要约，乙公司的行为不构成承诺，甲公司不承担民事责任

2. 甲公司于 2016 年 4 月 1 日向乙公司发出订购一批布艺沙发的要约，要求乙公司 4 月 8 日前答复。4 月 2 日乙公司收到该要约。4 月 3 日甲公司欲改向丙公司订购布艺沙发，遂向乙公司发出撤销要约的信件，该信件于 4 月 4 日到达乙公司。4 月 5 日，甲公司收到乙公司的回复，乙公司表示暂无布艺沙发，问甲公司是否愿意购买实木沙发。根据《合同法》的规定，甲公司要约失效的时间是(　　)。

A. 2016 年 4 月 3 日　　B. 2016 年 4 月 4 日

C. 2016 年 4 月 5 日　　D. 2016 年 4 月 8 日

3. 甲公司和乙公司拟签订一份买卖合同，双方于 2016 年 6 月 1 日约定，将于 6 月 15 日在盛京饭店签订合同书时合同成立，但是，因为甲公司想腾出自己的仓库，于是，在 6 月 10 日就把货物运到了乙公司处，乙公司经验收后

收下该批货物，后来，双方依约在盛京饭店签订了书面合同，甲公司在当天签字盖章，乙公司则将合同书带回总部后第二天在合同书上签字盖章。该合同成立的时间为(　　)。

A. 2016 年 6 月 15 日　　B. 2016 年 6 月 1 日

C. 2016 年 6 月 10 日　　D. 2016 年 6 月 16 日

4. 张某是乙公司的采购员，已离职。丙公司是乙公司的客户，已被告知张某离职的事实，但当张某持乙公司盖章的空白合同书以乙公司名义与丙公司洽谈购买 100 吨货物时，丙公司仍与其签订了买卖合同。根据合同法律制度的规定，下列表述中，正确的是(　　)。

A. 张某的行为构成无权代理，合同效力待定

B. 张某的行为构成无权代理，合同无效

C. 丙公司有权在乙公司追认合同之前，行使撤销权

D. 丙公司可以催告乙公司追认合同，如乙公司在 1 个月内未作表示，合同有效

5. 合同当事人行使撤销权，应当自知道或者应当知道撤销事由之日起(　　)内向法院或仲裁机构提出。

A. 一年　　B. 二年

C. 三年　　D. 五年

6. 张某是甲公司的法定代表人，以甲公司名义向乙公司发出书面要约，愿以 10 万元价格出售甲公司的一块玉器。张某在函件发出后 2 小时意外死亡，乙公司回函表示愿意以该价格购买。甲公司新任法定代表人以张某死亡，且未经董事会同意为由拒绝。关于该要约，下列表述正确的是(　　)。

A. 无效　　B. 效力待定

C. 可撤销　　D. 有效

7. 张某 17 岁，以个人积蓄 1000 元在慈善拍卖会拍得某明星表演用过的道具，市价约 100 元。事后，张某觉得道具价值与其价格很不相称，颇为后悔。关于这一买卖，下列说法正确的是(　　)。

A. 买卖显失公平，张某有权要求撤销

B. 买卖存在重大误解，张某有权要求撤销

C. 买卖无效，张某为限制行为能力人

D. 买卖有效

二、多项选择题

1. 根据合同法律制度的规定，下列免责条款中，无效的有(　　)。

A. 排除因故意造成对方人身伤害的责任

B. 排除因重大过失造成对方人身伤害的责任

C. 排除因故意造成对方财产损失的责任

D. 排除因重大过失造成对方财产损失的责任

2. 下列关于格式合同的表述中，正确的有(　　)。

A. 提供格式合同的一方应当尽提示或说明的义务

B. 格式条款不得免除提供格式条款一方的主要义务

C. 如果对格式条款的理解发生争议，应当做出不利于提供格式条款一方的解释

D. 如果格式条款和非格式条款不一致，应采用格式条款

3. 下列情形中，属于无效合同的有(　　)。

A. 一方以欺诈、胁迫的手段订立合同，损害某公司的利益

B. 恶意串通，损害国家、集体或者第三人利益

C. 以合法形式掩盖非法目的

D. 违反法律、行政法规的强制性规定

4. 下列关于可撤销合同的表述中，正确的有(　　)。

A. 可撤销合同一经撤销，则自始没有法律效力

B. 一般是意思表示不真实的合同

C. 合同的变更和撤销要通过当事人行使撤销权来实现

D. 必须由人民法院或者仲裁机构做出裁决。

5. 下列情形中，属于可撤销合同的有(　　)。

A. 因重大误解订立的合同

B. 在订立合同时显失公平的

C. 恶意串通损害第三人利益的

D. 一方乘人之危，使对方在违背真实意思的情况下订立的合同

6. 下列关于限制民事行为能力人订立合同的表述中，正确的有(　　)。

A. 经法定代理人追认后，该合同有效

B. 相对人也可以催告法定代理人在一个月内予以追认，法定代理人未作表示的，视为追认

C. 合同被追认之前，相对人有撤销的权利

D. 所签订的与其年龄、智力相适应的合同无须追认，即为有效

7. 甲手机专卖店门口立有一块木板，上书“假一罚十”四个醒目大字。乙从该店购买了一部手机，后经有关部门鉴定，该手机属于假冒产品，乙遂要求甲履行其“假一罚十”的承诺。关于本案，下列选项不正确的有(　　)。

A. “假一罚十”过分加重了甲的负担，属于无效的格式条款

B. “假一罚十”没有被订入合同之中，故对甲没有约束力

C. “假一罚十”显失公平，甲有权请求法院予以变更或者撤销

D. “假一罚十”是甲自愿作出的真实意思表示，应当认定为有效

三、简答题

简述要约的撤回与要约撤销的区别。

四、案例分析题

王某赴外地出差，晚间前往旅店投宿。办理住宿手续时，服务员拿出一张印制好的“住宿须知”请王某过目，而后请王某签字同意，其中一条写明“除日用必需品外的贵重物品，请交由总服务台统一保管，否则，若遗失本店概不负责”。王某签字后，便立即回房休息，因旅途疲惫，王某用手机向本单位领导简单汇报了一下工作进展，并将一些重要内容输入随身携带的笔记本电脑后，便立即睡下，直至次日早晨八点方醒。醒来后，王某发现自己房间的窗户被人打开，房门也大开，手机与笔记本电脑不翼而飞。王某遂以旅店未尽到保护义务为由，诉至法院，要求旅店赔偿损失，旅店则以王某签字同意的“住宿须知”为由，拒绝承担责任。

经查实，王某睡前已关好窗子和门，且其电脑、手机被盗属实，另外，当地治安状况不佳，常有入室盗窃案件发生，但该旅店未聘有保安人员。请回答下列问题：

（1）本案中的“住宿须知”是否为合同的一部分？

（2）“住宿须知”中的免责条款的效力如何？为什么？

（3）双方就“住宿须知”中的“除日用必需品外的贵重物品”一句的理解发生争议，王某认为，手机和笔记本电脑属于日用必需品的贵重物品，而旅店持相反意见，对此应如何予以解释？

（4）本案应如何处理？

答案与解析

一、单项选择题

1. B　**【解析】**本题考查要约和要约邀请的区别，根据《合同法》第15条的规定，商业广告的内容符合要约规定的，视为要约。在本题中，甲公司的广告包括了订立合同的主要条款，属于要约；乙公司在承诺期内做出承诺，合同成立，因此，甲公司应该承担违约责任。故正确答案为B。

2. C　**【解析】**本题考查要约的撤销。在本题中，因甲公司的要约中确定了承诺期限，因此，该要约不得撤销。而乙公司4月5日的回复对要约进行了实质性变更，属于新的要约，此时，导致原要约失效。所以，甲公司要约的失效时间是2016年4月5日。故正确答案为C。

3. C　**【解析】**本题考查合同成立的时间。根据《合同法》第32条及第37条的规定，甲公司于2016年6月10日将货物运至乙公司处，乙公司接受货物，则合同在此日成立。故正确答案为C。

4. A　**【解析】**本题考查合同的效力。在本题中，丙公司已经被告知张某离职的事实，仍与张某签订合同，则丙公司不是善意第三人，不构成表见代理，而是一般的无权代理，所以，属于效力待定的合同。在无权代理中，相对人可以催告被代理人在1个月内予以追认，被代理人未作表示的，视为拒绝追认。合同被追认前，善意相对人有撤销的权利，因为丙公司不属于善意第三人，故没有撤销权。故正确答案为A。

5. A　**【解析】**合同当事人行使撤销权，应当自知道或者应当知道撤销事由之日起一年内向法院或仲裁机构提出。故正确答案为A。

6. D　**【解析】**公司法定代表人以公司名义所从事的法律行为属于公司法人的行为，应由公司承担法律后果，公司不得以法定代表人死亡为由加以拒绝。故正确答案为D。

7. D　**【解析】**本题考查合同的效力。本题中张某以1000元拍得某明星表演用过的道具，是公平合理的，也与其年龄相适应。故该买卖行为有效。

二、多项选择题

1. ABCD　**【解析】**本题考查合同的免责条款。根据《合同法》第53条的规定，下列免责条款无效：①造成对方人身伤害的；②因故意或者重大过失造成对方财产损失的。故正确答案为ABCD。

2. ABC 【解析】根据《合同法》第41条的规定，格式条款和非格式条款不一致的，应当采用非格式条款。故D选项错误，正确答案为ABC。

3. BCD 【解析】根据《合同法》第52条第1项的规定，一方以欺诈、胁迫的手段订立合同，损害国家利益的，属于无效合同。故A选项错误，正确答案为BCD。

4. ABCD 【解析】根据《合同法》第54条的规定及民法原理，对于重大误解、显失公平、欺诈、胁迫或乘人之危等违背真实意思的合同，当事人可向人民法院申请变更或撤销，合同经法院裁决撤销的，自始没有法律效力。故正确答案为ABCD。

5. ABD 【解析】根据《合同法》第52条的规定，恶意串通损害第三人利益的，属于无效合同。故C项错误，正确答案为ABD。

6. AD 【解析】根据《合同法》第47条的规定，相对人也可以催告法定代理人在一个月内予以追认，法定代理人未作表示的，视为拒绝追认，故B项错误。合同被追认之前，只有善意相对人有撤销的权利，恶意相对人则不享有撤销权，故C项错误。故正确答案为AD。

7. ABC 【解析】民事法律关系在大多数情况下是由当事人根据其意思自主设定的，法律只是对意思表示规定严格的条件而已。本题中，“假一罚十”是甲自愿作出的真实意思表示，没有对方的欺诈、胁迫、乘人之危，也没有重大误解、显失公平等，且没有违反法律、行政法规的强制性规定，应当认定为有效。本题为选非题。故正确答案为ABC。

三、简答题（略）

四、案例分析题（略）

第 20 章　合同的履行

一、单项选择题

1. 甲、乙双方签订了一份买卖合同，约定甲向乙购买煤炭 1500 吨，甲于 4 月 1 日向乙支付全部货款，乙于收到货款半个月后装车发煤。3 月 31 日，甲调查发现，乙的煤炭经营许可证将于 4 月 15 日到期，目前煤炭库存仅剩 500 吨，且正在加紧将库存煤炭发往别处。甲遂决定暂不向乙付款，并于 4 月 1 日将暂不付款的决定及理由通知了乙。根据合同法律制度的规定，下列表述中正确的是(　　)。

A. 甲无权暂不付款，因为在乙的履行期到来之前，无法确知乙将来是否会违约

B. 甲无权暂不付款，因为甲若怀疑乙届时不能履行合同义务，应先通知乙提供担保，只有在乙不能提供担保时，甲才能中止履行

C. 甲有权暂不付款，因为甲享有先诉抗辩权

D. 甲有权暂不付款，因为甲享有不安抗辩权

2. 甲、乙在买卖合同中约定，甲先付款，乙再发货。后甲未付款却要求乙发货，乙予以拒绝。根据法律规定，乙享有的抗辩权属于(　　)。

A. 同时履行抗辩权　　B. 先履行抗辩权

C. 不安抗辩权　　D. 先诉抗辩权

3. 甲、乙两公司的住所地分别位于北京和海口。甲公司向乙公司购买一批海南产香蕉，3 个月后交货。但合同对于履行地点和价款均无明确约定，双方也未能就有关内容达成补充协议，依照合同其他条款及交易习惯也无法确定。根据法律规定，下列关于合同履行价格的表述中正确的是(　　)。

A. 按合同订立时海口的市场价格履行

B. 按合同订立时北京的市场价格履行

C. 按合同履行时海口的市场价格履行

D. 按合同履行时北京的市场价格履行

4. 当事人互负债务，没有先后履行顺序的，一方不履行合同时，另一方可以行使(　　)。

A. 同时履行抗辩权　　　　B. 先履行抗辩权

C. 不安抗辩权　　　　D. 先诉抗辩权

5. 2011 年 5 月 6 日，甲公司与乙公司签约，约定甲公司于 6 月 1 日付款，乙公司 6 月 15 日交付“东升”牌自动扶梯。合同签订后 10 日，乙公司销售他人的“东升”牌自动扶梯发生重大安全事故，质监局介入调查。合同签订后 20 日，甲、乙、丙公司三方合意，由丙公司承担付款义务。丙公司 6 月 1 日未付款。下列表述正确的是(　　)。

A. 甲公司有权要求乙公司交付自动扶梯

B. 丙公司有权要求乙公司交付自动扶梯

C. 丙公司有权行使不安抗辩权

D. 乙公司有权要求甲公司和丙公司承担连带债务

6. 甲、乙订立一份价款为 10 万元的图书买卖合同，约定甲先支付书款，乙两个月后交付图书。甲由于资金周转困难只交付 5 万元，答应余款尽快支付，但乙不同意。两个月后甲要求乙交付图书，遭乙拒绝。对此，下列表述正确的是(　　)。

A. 乙对甲享有同时履行抗辩权

B. 乙对甲享有不安抗辩权

C. 乙有权拒绝交付全部图书

D. 乙有权拒绝交付与 5 万元书款价值相当的部分图书

二、多项选择题

1. 下列关于不安抗辩权的表述中，正确的有(　　)。

A. 应当先履行债务的当事人，有确切证据证明对方有不能履行的危险时，可以中止履行

B. 对方在合理期限内未恢复履行能力并且未提供适当担保的，中止履行的一方可以解除合同

C. 只能由应该先履行的一方当事人行使

D. 只能由应该后履行的一方当事人行使

2. A 市甲厂与 B 市乙厂签订了一份买卖合同，约定由甲厂供应乙厂钢材 10 吨，乙厂支付货款 3 万元。但合同对付款地点和交货地点均未约定，双方为此发生纠纷。根据《合同法》的相关规定，(　　)。

A. 付款地点应为 A 市　　　　B. 交货地点应为 A 市

C. 付款地点应为 B 市　　　　D. 交货地点应为 B 市

3. 合同约定甲公司应当在 8 月 30 日向乙公司交付一批货物。8 月中旬，甲公司把货物运送到乙公司。此时乙公司有权(　　)。

A. 拒绝接收货物

B. 不接收货物并要求对方承担违约责任

C. 接收货物并要求对方承担违约责任

D. 接收货物并要求对方支付增加的费用

4. 甲公司向乙公司订购一批燃气热水器，但合同中对质量未作规定，则(　　)。

A. 先由双方协议补充

B. 无法达成补充协议且依照合同有关条款或交易习惯无法确定的，按国家标准、行业标准履行

C. 没有国家标准、行业标准的，按照通常标准或符合合同目的的特定标准履行

D. 买卖合同中欠缺质量这一主要条款，合同不成立

5. 合同中价款或报酬不明确，依《合同法》第 61 条仍不能确定的，应(　　)。

A. 按合同履行时订立地的市场价格履行

B. 按合同生效时履行地的市场价格履行

C. 按合同订立时履行地的市场价格履行

D. 依法应执行政府定价或者政府指导价的，按照规定履行

6. 甲于 2 月 3 日向乙借用一台彩电，乙于 2 月 6 日向甲借用了一部手机。到期后，甲未向乙归还彩电，乙因此也拒绝向甲归还手机。关于乙的行为，下列说法错误的有(　　)。

A. 是行使同时履行抗辩权　　　　B. 是行使不安抗辩权

C. 是行使留置权　　　　D. 是行使抵销权

7. 某热电厂从某煤矿购煤 200 吨，约定交货期限为 2017 年 9 月 30 日，付款期限为 2017 年 10 月 31 日。9 月底，煤矿交付 200 吨煤，热电厂经检验发现煤的含硫量远远超过约定标准，根据政府规定不能在该厂区燃烧。基于上述情况，下列热电厂的主张有法律依据的有(　　)。

A. 拒绝支付 200 吨煤的价款　　　　B. 要求煤矿承担违约责任

C. 行使不安抗辩权　　　　D. 解除合同

三、简答题

简述预期违约和不安抗辩权在性质、法律效果方面的主要区别。

答案与解析

一、单项选择题

1. D 【解析】本题考查不安抗辩权。根据《合同法》第68条的规定，应当先履行债务的当事人，有确切证据证明对方有下列情形之一的，可以中止履行：经营状况严重恶化；转移财产、抽逃资金以逃避债务；丧失商业信誉；有丧失或者可能丧失履行债务能力的其他情形。因为乙的煤炭经营许可证将于4月15日到期，有可能丧失履行债务的能力，因此，甲可以行使不安抗辩权。故正确答案为D。

2. B 【解析】本题考查先履行抗辩权。根据《合同法》第67条的规定，当事人互负债务，有先后履行顺序，先履行一方未履行的，后履行一方有权拒绝其履行要求。先履行一方履行债务不符合约定的，后履行一方有权拒绝其相应的履行要求。这种抗辩权叫作先履行抗辩权。故正确答案为B。

3. A 【解析】本题考查价格约定不明的履行规则。根据合同法律制度的规定，价款或者报酬不明确的，按照订立合同时履行地的市场价格履行；地点不明确的，给付货币的，在接受货币一方所在地履行；交付不动产的，在不动产所在地履行；其他标的在履行义务一方所在地履行。针对交付香蕉，履行义务一方是出卖人乙公司，所以，履行地在海口，所以，应当按合同订立时海口的市场价格履行。故正确答案为A。

4. A 【解析】当事人互负债务，没有先后履行顺序的，一方不履行合同时，另一方可以行使同时履行抗辩权。故正确答案为A。

5. C 【解析】本题考查债务转移和不安抗辩权的行使。根据《合同法》第84条和85条的规定，债务转移应当经过债权人同意。债务转移后，新债务人可以行使原债务人的抗辩权。因乙公司销售他人的“东升”牌自动扶梯发生重大安全事故，质监局介入调查，故丙公司有权行使不安抗辩权。故正确答案为C。

6. D 【解析】根据《合同法》第67条规定，当事人互负债务，有先后履行顺序，先履行一方未履行的，后履行一方有权拒绝其履行要求。先履行一方履行债务不符合约定的，后履行一方有权拒绝其相应的履行要求。故正确答案为 D。

二、多项选择题

1. ABC　**【解析】**不安抗辩权只能由应该先履行的一方当事人行使。故正确答案为 ABC。

2. AB　**【解析】**本题考查买卖合同的履行地点和交货地点。本题中 A 市是接受货币一方所在地，因此付款地点应为 A 市；钢材为动产，A 市也是履行交付义务的一方所在地，故交货地点也应为 A 市。故正确答案为 AB。

3. AD　**【解析】**本题考查期前履行的法律效果。《合同法》第 71 条规定："债权人可以拒绝债务人提前履行债务，但提前履行不损害债权人利益的除外。债务人提前履行债务给债权人增加的费用，由债务人承担。"故正确答案为 AD。

4. ABC　**【解析】**根据《合同法》第 61、62 条，正确答案为 ABC。

5. CD　**【解析】**根据《合同法》第 62 条，正确答案为 CD。

6. ABCD　**【解析】**根据《合同法》第 66、68、99、100 条及《物权法》第 231 条的规定，甲向乙借用一台彩电和乙向甲借用一部手机是两个不同的合同，不符合履行抗辩权、不安抗辩权和留置权的行使条件，而且双方的给付不是同一种类，也不符合抵销权行使的条件。本题为选非题，故正确答案为 ABCD。

7. ABD　**【解析】**根据《合同法》第 67 条，煤矿交付的煤的含硫量远远超过约定标准，热电厂作为后履行一方有权拒绝相应的履行。根据《合同法》第 107 条规定，热电厂有权要求煤矿承担违约责任。根据《合同法》第 68 条的规定，不安抗辩权为负有先履行义务一方的当事人享有，本题中热电厂属于后履行义务一方，其不能行使不安抗辩权。根据《合同法》第 94 条第 4 项的规定，煤矿的违约行为导致热电厂购煤的合同目的不能实现，热电厂有权解除合同。故正确答案为 ABD。

三、简答题（略）

第 21 章　合同的担保与保全

一、单项选择题

1. 甲对乙享有 5 万元的债权，已到清偿期限，但乙一直宣称无能力清偿欠款。甲调查发现，乙对丁享有 3 个月后到期的 1 万元债权，戊因赌博欠乙 8000 元；另外，乙在半年前发生交通事故，因事故中的人身伤害对丙享有 1.5 万元债权，因事故中的财产损失对丙享有 5000 元债权。乙无其他可供执行的财产，乙对其享有的债权均怠于行使。根据合同法律制度的规定，下列各项中，甲可以代位行使的债权是(　　)。

A. 乙对丁的 1 万元债权　　　B. 乙对戊的 8000 元债权

C. 乙对丙的 1.5 万元债权　　D. 乙对丙的 5000 元债权

2. 甲公司和乙公司签订买卖合同，合同中并无保证条款，乙公司也未与他人另行订立保证合同，但在买卖合同中，除甲公司和乙公司盖章外，丙公司以保证人的身份也在合同中签字，但未写明保证形式。根据合同法律制度的规定，下列表述符合规定的是(　　)。

A. 丙公司不承担保证责任

B. 丙公司按照一般保证承担保证责任

C. 丙公司按照连带责任保证承担保证责任

D. 丙公司可以按照一般保证承担保证责任，也可以按照连带责任保证承担保证责任

3. 甲公司与乙公司签订一份买卖合同，总价款为 100 万元，由丙公司与乙公司签订保证合同，后甲公司和乙公司协商将合同总额变更为 150 万元，但未经丙公司书面同意。根据相关法律规定，下列说法正确的是(　　)。

A. 丙公司应当在 100 万元的范围内承担保证责任

B. 丙公司应当在 150 万元的范围内承担保证责任

C. 丙公司应当在 50 万元的范围内承担保证责任

D. 丙公司不再承担保证责任

4. 2017 年 10 月 1 日，马某向贾某借款 20 万元，李某作为一般保证人签

字，根据合同，马某应于 2018 年 3 月 3 日还款，保证期间也一直持续到该日。马某到期拒绝还款，贾某诉至法院，法院于 2018 年 5 月 9 日作出要求马某还款的判决，该判决于 2018 年 5 月 24 日生效。对此，下列说法不正确的是(　　)。

A. 李某的保证期间应视为约定不明

B. 李某的保证期间应视为没有约定

C. 李某的保证期间从 2018 年 3 月 4 日至 2018 年 9 月 3 日

D. 保证合同的诉讼时效从 2018 年 5 月 25 日至 2021 年 5 月 24 日

5. 根据合同法律制度的规定，下列关于定金的表述中，正确的是(　　)。

A. 接受定金一方不履行合同义务时，应当三倍返还定金

B. 接受定金一方履行合同义务时，定金所有权发生转移

C. 定金数额不得超过主合同标的额的 20%

D. 既约定定金又约定违约金的，一方违约时，当事人有权要求同时适用

6. 宏达公司以一套价值 100 万元的设备作为抵押，向甲借款 10 万元，未办理抵押登记手续。宏达公司又向乙借款 80 万元，以该套设备作为抵押，并办理了抵押登记手续。宏达公司欠丙货款 20 万元，将该套设备出质给丙。丙不小心损坏了该套设备送丁修理，因欠丁 5 万元修理费，该套设备被丁留置。关于甲、乙、丙、丁对该套设备享有的担保物权的清偿顺序，下列排列正确的是(　　)。

A. 甲、乙、丙、丁　　　　B. 乙、丙、丁、甲

C. 丙、丁、甲、乙　　　　D. 丁、乙、丙、甲

7. 甲、乙双方拟订的借款合同约定：甲向乙借款 11 万元，借款期限为 1 年。乙在签字之前，要求甲为借款合同提供担保。丙应甲要求同意担保，并在借款合同保证人一栏签字，保证期间为 1 年。甲将有担保签字的借款合同交给乙。乙要求从 11 万元中预先扣除 1 万元利息，同时将借款期限和保证期间均延长为 2 年。甲应允，双方签字，乙依约将 10 万元交付给甲。下列表述正确的是(　　)。

A. 丙的保证期间为 1 年

B. 丙无须承担保证责任

C. 丙应承担连带保证责任

D. 丙应对 10 万元本息承担保证责任

8. 甲、乙约定：甲将 100 吨汽油卖给乙，合同签订后 3 天交货，交货后

10 天内付货款。还约定，合同签订后乙应向甲支付 10 万元定金，合同在支付定金时生效。合同订立后，乙未交付定金，甲按期向乙交付了货物，乙到期未付款。对此，下列表述正确的是(　　)。

A. 甲可请求乙支付定金

B. 乙未支付定金不影响买卖合同的效力

C. 甲交付汽油使得定金合同生效

D. 甲无权请求乙支付价款

二、多项选择题

1. 甲公司欠乙公司 30 万元，一直无力偿付，丙公司欠甲公司 20 万元，已到期，但甲公司明确表示放弃对丙的债权，该行为给乙公司债权的实现造成损害，对甲公司的这一行为，乙公司采取的下列措施中，符合法律规定的有(　　)。

A. 请求人民法院撤销甲放弃债权的行为，撤销权的行使范围为 20 万元

B. 通知丙公司撤销甲公司放弃债权的行为，撤销权的行使范围为 30 万元

C. 乙因此支付的必要费用由甲公司负担

D. 乙因此支付的必要费用由乙公司自行负担

2. 甲公司向乙银行贷款，丙公司作为甲公司的连带责任保证人，同时，甲公司将自己的办公楼作为抵押，丁公司也以自己所有的厂房作为抵押担保乙银行对甲公司的债权。甲公司、丙公司和丁公司均未与乙银行约定甲公司、丙公司和丁公司之间的担保顺序和比例。后来，甲公司到期无力偿还本息。下列选项中，乙银行行使担保权的方式有(　　)。

A. 乙银行先就甲公司提供的办公楼行使抵押权

B. 对甲公司提供的办公楼行使抵押权后，对未实现的剩余债权，乙银行可以就丁公司提供的厂房行使抵押权

C. 对甲公司提供的办公楼行使抵押权后，对未实现的剩余债权，乙银行可以要求丙公司承担保证责任

D. 对甲公司提供的办公楼行使抵押权后，对未实现的剩余债权，乙银行可以同时就丁公司提供的厂房行使抵押权和要求丙公司承担保证责任

3. 在代位权诉讼中，关于第三人（次债务人）的说法，正确的有(　　)。

A. 第三人可以向债权人主张自己对债务人的抗辩权

B. 第三人可以拒绝债权人要求对其财产进行保全的诉讼请求

C. 若代位权有效成立的，第三人应向债权人履行清偿义务

D. 债权人可以不通过诉讼程序直接向第三人行使代位权

4. 甲欠乙 20 万元到期无力偿还，甲父病故后遗有价值 15 万元的住房 1 套，甲为唯一继承人。乙得知后与甲联系，希望以房抵债。甲便对好友丙说："反正这房子我继承了也要拿去抵债，不如送给你算了。"二人遂订立赠与协议。下列说法错误的有(　　)。

A. 乙对甲的行为可行使债权人撤销权

B. 乙可主张赠与协议无效

C. 乙可代位行使甲的继承权

D. 丙无权对因受赠房屋瑕疵造成的损失请求甲赔偿

5. 债务人有下列(　　)情形的，债权人可以向法院提起撤销权诉讼。

A. 债务人放弃或者延展其到期债权，以致不能清偿其债务，对债权人造成损害的

B. 债务人无偿转让财产，对债权人造成损害的

C. 债务人放弃其未到期债权，又无其他财产清偿到期债权，可能影响债权人实现其债权的

D. 债务人将自己的财产出售，却又允许买受人欠债的

6. 甲企业借给乙企业 20 万元，期满未还。丙欠乙 20 万元货款也已到期，乙曾向丙发出催收通知书。乙、丙之间的供货合同约定，若因合同履行发生争议，由 Y 仲裁委员会仲裁。下列选项错误的有(　　)。

A. 甲对乙的 20 万元债权不合法，故甲不能行使债权人代位权

B. 乙曾向丙发出债务催收通知书，故甲不能行使债权人代位权

C. 甲应以乙为被告、丙为第三人提起代位权诉讼

D. 乙、丙约定的仲裁条款不影响甲对丙提起代位权诉讼

三、案例分析题

2015 年 3 月 2 日，甲将其生产的一批价值 30 万元的设备寄存于乙的仓库，寄存期截至 2015 年 4 月 30 日。3 月 5 日，甲将该批设备抵押给债权人 A 公司，双方签订了书面抵押合同，但未办理抵押登记。

3 月 9 日，乙向丙谎称该批设备属于自己，以 35 万元的价格将该批设备卖给丙；事后，不知情的丙全额付款取走设备。3 月 16 日，丙将该批设备以 40 万元的价格卖给丁。3 月 20 日，丙交付设备，丁向丙付款。

3月25日，A公司对甲的债权到期，甲无力偿还，A公司就该批设备行使抵押权。此时，甲才得知乙已将该批设备出卖给丙，甲要求乙承担违约责任未果，遂要求丙返还设备。丙告知已将设备转卖给丁。甲要求丁返还设备，A公司亦向丁主张就该设备行使抵押权，均遭丁拒绝。

4月9日，丁发现该批设备存在严重质量瑕疵，无法投入使用，遂主张解除与丙之间的买卖合同，并要求丙赔偿损失，丙以该质量瑕疵在乙向其交付设备时已经存在为由予以拒绝，丁要求乙对自己承担违约责任。

根据上述内容，分析回答下列问题：

（1）丙是否取得了从乙处购买设备的所有权？并说明理由。

（2）甲是否有权要求丁返还设备？并说明理由。

（3）A公司能否就设备行使抵押权？并说明理由。

（4）丁是否有权解除与丙之间的买卖合同？并说明理由。

（5）丁是否有权要求乙承担违约责任？并说明理由。

（6）对于甲的损失，谁是赔偿义务人？并说明理由。

答案与解析

一、单项选择题

1. D 【解析】本题考查代位权制度，根据合同法律制度的规定，首先，合法的债权才能行使代位权，因乙对戊的8000元债权属于非法债权，所以，不能代位行使；其次，到期的债权才能行使代位权，因乙对丁的1万元债权尚未到期，故不能行使代位权；最后，专属于债务人自身的债权不能代位行使，因人身伤害所享有的损害赔偿请求权属于专属债权，故不能代位行使。故正确答案为D。

2. C 【解析】首先，根据担保法律制度的规定，主合同中虽然没有保证条款，但保证人在主合同上以保证人身份签字或盖章的，保证合同成立。因此，丙公司虽然没有另行签订保证合同，买卖合同中也没有保证条款，但其在主合同上以保证人的身份签字，保证合同成立。其次，当事人对保证方式没有约定或者约定不明的，按照连带责任保证承担保证责任。故正确答案为C。

3. A 【解析】本题考查主合同变更对保证责任的影响。根据担保法律制度的规定，未经保证人书面同意的主合同变更，如果加重了债务人债务的，保证人对加重的部分不承担保证责任。故丙公司仅在原来100万元的范围内承担保证责任。故正确答案为A。

4. A　**【解析】**本题考查保证期间与保证的诉讼时效。根据法律规定，保证合同约定的保证期间早于或者等于主债务履行期间的，视为没有约定，保证期间为主债务履行期届满之日起6个月。一般保证中，保证的诉讼时效从债权人对债务人的诉讼判决生效之日起开始计算。故A项错误，其他三个选项都是正确的。本题为选非题，故正确答案为A。

5. C　**【解析】**本题考查定金的规定。根据担保法律制度的规定，定金一旦交付，定金所有权发生移转。给付定金一方不履行约定的债务的，无权要求返还定金；收受定金的一方不履行约定的债务的，应当双倍返还定金。当事人约定的定金数额不得超过主合同标的额的20%。超过部分无效。在同一合同中，如果当事人既约定违约金，又约定定金的，在一方违约时，当事人只能选择适用违约金条款或者定金条款，不能同时要求适用两个条款。故正确答案为C。

6. D　**【解析】**本题考查抵押权、质权和留置权的效力等级。根据担保法律制度的规定，同一动产上已经设立抵押权或者质权，该动产又被留置的，留置权人优先受偿。同一财产法定登记的抵押权与质权并存时，抵押权优先于质权受偿；质权与未登记抵押权并存时，质权人优先于抵押人受偿。故正确答案为D。

7. B　**【解析】**本题考查主合同和从合同的法律效力。借款合同是主合同，保证合同是从合同。根据担保法律制度的规定，主合同中虽然没有保证条款，但保证人在主合同上以保证人的身份签字或者盖章的，保证合同成立。但是，在本题中，保证人丙签字时，借款合同的双方当事人并没有签字。故保证合同不成立，保证人丙不承担保证责任。故正确答案为B。

8. B　**【解析】**本题考查定金合同、买卖合同的生效要件。甲、乙约定，买卖合同在支付定金时生效，即以交付定金作为合同生效要件，后来乙未交付定金，但甲已经履行了合同义务，根据《最高人民法院关于适用〈中华人民共和国担保法〉若干问题的解释》（以下简称《担保法解释》）第116条的规定，并不影响甲、乙之间主合同即买卖合同的生效。故B项正确。对于A项，根据《中华人民共和国担保法》（以下简称《担保法》）第90条的规定，定金合同从实际交付定金之日起生效。结合本题，定金尚未交付，定金合同还没有生效，乙并没有交付定金的义务。甲不可以请求乙支付定金。因此A项错误。对于C项，根据《担保法》第90条的规定，定金合同从实际交付定金之日起生效。因此，C项错误。对于D项，甲、乙之间的买卖合同是有效的，甲有权请求乙支付价款，故D项错误。故正确答案为B。

二、多项选择题

1. AC 【解析】根据合同法律制度的规定，因债务人放弃到期债权对债权人造成损害的，债权人可以请求人民法院撤销债务人的行为。故债权人自行通知相对人撤销放弃债权的行为不具有法律效力。债权人行使撤销权的必要费用，由债务人负担。撤销权的行使范围以债权人的债权为限。且“该债权”是指“债权人的债权”与“债务人的债权”中的较低者。故正确答案为AC。

2. ABCD 【解析】根据《物权法》第176条的规定，乙银行应当先就甲公司提供的办公楼行使抵押权，对于剩余的未实现债权，乙银行可以就丁公司提供的厂房行使抵押权，也可以要求丙公司承担保证责任，也可以同时就丁公司的厂房行使抵押权并要求丙公司承担保证责任。故正确答案为ABCD。

3. AC 【解析】根据《合同法解释（一）》第18条的规定，在代位权诉讼中，次债务人（第三人）对债务人的抗辩，可以向债权人主张，故A项正确。根据《合同法解释（一）》第17条的规定，在代位权诉讼中，债权人请求人民法院对次债务人的财产采取保全措施的，应当提供相应的财产担保。第三人当然无权拒绝，故B项错误。根据《合同法解释（一）》第20条的规定，代位权诉讼经人民法院审理后认定代位权成立的，由第三人向债权人履行清偿义务，故C项正确。根据《合同法》第73条规定，因债务人怠于行使其到期债权，对债权人造成损害的，债权人可以向人民法院请求以自己的名义代位行使债务人的债权，但该债权专属于债务人自身的除外，故D项错误。故正确答案为AC。

4. CD 【解析】根据《合同法》第74条的规定，因债务人无偿转让财产对债权人造成损害的，债权人可以请求人民法院撤销债务人的行为，故A项正确。根据《民通意见》第130条规定，赠与人为了逃避应履行的法定义务，将自己的财产赠与他人，如果利害关系人主张权利的，应当认定赠与无效，故B项正确。根据《合同法》第73条的规定，因债务人怠于行使其到期债权，对债权人造成损害的，债权人可以向人民法院请求以自己的名义代位行使债务人的债权，但该债权专属于债务人自身的除外，故C项错误。《合同法》第191条第2款规定，赠与人故意不告知瑕疵或者保证无瑕疵，造成受赠人损失的，应当承担损害赔偿责任。瑕疵包括权利瑕疵和物的瑕疵，故D项错误。本题为选非题，故正确答案为CD。

5. ABC 【解析】因为债务人出售财产的行为虽会导致其财产减少，但在不影响其债务清偿的情况下，债权人无权干涉债务人的行为，债权人不得向法院主张撤销权。故D项不能选，正确答案为ABC。

6. ABC 【解析】即使甲企业和乙企业之间的借款合同无效，但是甲据此对乙享有不当得利返还请求权，在符合其他条件的情况下仍可以行使债权人代位权，故 A 项错误。乙曾向丙发出债务催收通知书并不能构成其积极行使债权的证据，故 B 项错误。根据《合同法解释（一）》第 16 条的规定，债权人应以次债务人为被告，债务人为第三人向人民法院提起代位权诉讼，故 C 项错误。由于代位权是合同法所规定的债权人的法定权利，因此债务人和次债务人之间的约定并不构成债权人行使权利的障碍，故 D 项正确。本题为选非题，故正确答案为 ABC。

三、案例分析题

【答案要点】

（1）丙取得了设备的所有权。根据《物权法》的规定，无处分权人将不动产或者动产转让给受让人的，所有权人有权追回；除法律另有规定外，符合下列情形的，受让人取得该不动产或者动产的所有权：第一，受让人受让该不动产或者动产时是善意的；第二，以合理的价格转让；第三，转让的不动产或者动产依照法律规定应当登记的已经登记，不需要登记的已经交付给受让人。本题中，丙的行为符合上述善意取得的构成要件，丙取得所有权。

（2）甲无权要求丁返还设备。丙是所有权人，丁从丙处购买设备，已经交付，动产所有权一般是交付时转移，所以丁取得该设备的所有权。

（3）A 公司不能就设备行使抵押权。因为抵押没有登记，不能对抗善意第三人。善意第三人丙已经取得所有权，因此 A 公司不能行使抵押权。

（4）丁有权解除与丙之间的买卖合同。根据《合同法》的规定，当事人一方延迟履行债务或者有其他违约行为致使不能实现合同目的，守约方可以主张解除合同。丙的设备存在严重质量瑕疵，无法投入使用，即不能实现合同目的，所以丁可以解除合同。

（5）丁无权要求乙承担违约责任。根据合同相对性原则，合同责任只能在合同关系的当事人之间发生，合同关系以外的人不承担违约责任。丙和丁是合同当事人，乙不是该合同当事人，所以乙不对丁承担违约责任。

（6）乙是赔偿义务人。甲、乙之间有保管合同，乙擅自将甲的设备进行转让，是违约行为，需要对甲进行赔偿。

第 22 章　合同的变更与解除

一、单项选择题

1. 根据合同法律制度的规定，下列关于提存的法律效果的表述中，正确的是(　　)。

A. 标的物提存后，毁损、灭失的风险由债务人承担

B. 提存期间，标的物的孳息归债务人所有

C. 提存费用由债权人负担

D. 债权人提取提存物的权利，自提存之日起 2 年内不行使而消灭

2. 下列情形中，不属于合同法定解除情形的是(　　)。

A. 因不可抗力致使不能实现合同目的的

B. 在履行期限届满之前，当事人一方明确表示或者以自己的行为表明不履行主要债务的

C. 当事人一方迟延履行主要债务，经催告后在合理期限内仍未履行的

D. 当事人一方迟延履行债务或者有其他违约行为的

3. 下列关于合同提存的表述中，错误的是(　　)。

A. 提存只能基于债权人的原因

B. 只要债权人拒绝受领，债务人就可以提存

C. 标的物提存后，毁损、灭失的风险由债权人承担

D. 提存费用由债权人负担

4. 债权人领取提存物的权利，自提存之日起(　　)内不行使而消灭，提存物扣除提存费用后归国家所有。

A. 1 年　　B. 2 年

C. 3 年　　D. 5 年

5. 甲公司与乙公司签订并购协议：“甲公司以 1 亿元收购乙公司在丙公司中 51% 的股权。若股权过户后，甲公司未支付收购款，则乙公司有权解除并购协议。”后乙公司依约履行，甲公司却分文未付。乙公司向甲公司发送一份经过公证的《通知》：“鉴于你公司严重违约，建议双方终止协议，贵方向我

方支付违约金；或者由贵方提出解决方案。”3 日后，乙公司又向甲公司发送《通报》：“鉴于你公司严重违约，我方现终止协议，要求你方依约支付违约金。”下列选项正确的是(　　)。

A. 《通知》送达后，并购协议解除

B. 《通报》送达后，并购协议解除

C. 甲公司对乙公司解除并购协议的权利不得提出异议

D. 乙公司不能既要求终止协议，又要求甲公司支付违约金

6. 王某因多年未育前往某医院就医，经医院介绍 A 和 B 两种人工辅助生育技术后，王某选定了 A 技术并交纳了相应的费用，但医院实际按照 B 技术进行治疗。后治疗失败，王某要求医院返还全部医疗费用。下列选项正确的是(　　)。

A. 医院应当返还所收取的全部医疗费

B. 医院应当返还所收取的医疗费，但可以扣除 B 技术的收费额

C. 王某无权请求医院返还医疗费或赔偿损失

D. 王某无权请求医院返还医疗费，但是有权请求医院赔偿损失

7. 甲公司从乙公司购买小轿车，约定 7 月 1 日预付 10 万元，10 月 1 日预付 20 万元，12 月 1 日乙公司交车时付清尾款。甲公司按时预付第一笔款。乙公司于 9 月 30 日发函称因原材料价格上涨，需提高小轿车的价格。甲公司于 10 月 1 日拒绝，等待乙公司答复未果后于 10 月 3 日向乙公司汇去 20 万元。乙公司当即拒收，并称甲公司迟延付款构成违约，要求解除合同，甲公司则要求乙公司继续履行。下列表述正确的是(　　)。

A. 甲公司不构成违约

B. 乙公司有权解除合同

C. 乙公司可行使先履行抗辩权

D. 乙公司可要求提高合同价格

8. 孙某与李某签订房屋租赁合同，李某承租后与陈某签订了转租合同，孙某表示同意。但是，孙某在与李某签订租赁合同之前，已经把该房租给了王某并已交付。李某、陈某、王某均要求继续租赁该房屋。下列表述正确的是(　　)。

A. 李某有权要求王某搬离房屋

B. 陈某有权要求王某搬离房屋

C. 李某有权解除合同，要求孙某承担赔偿责任

D. 陈某有权解除合同，要求孙某承担赔偿责任

二、多项选择题

1. 根据合同法律制度的规定，下列情形中，买受人可以取得合同解除权的有(　　)。

A. 因出卖人过错导致标的物在交付前灭失致使合同目的无法实现

B. 因不可抗力导致标的物在交付前灭失致使合同目的无法实现

C. 出卖人在履行期限届满前明确表示拒绝交付标的物

D. 出卖人在履行期限届满后明确表示拒绝交付标的物致使合同目的无法实现

2. 下列情形中，可以导致合同终止的有(　　)。

A. 清偿完毕　　B. 合同解除

C. 债务相互抵销　　D. 债务人依法将标的物提存

3. 下列关于合同解除的表述中，正确的有(　　)。

A. 合同解除必须在生效后履行完毕之前

B. 合同解除后一律自始无效

C. 合同解除后既可以自始无效，也可以向将来消灭

D. 法定解除属于单方解除

4. 下列属于法定抵销应当具备的条件有(　　)。

A. 须二人互负债务，互享债权

B. 须双方债权有效存在

C. 双方债务的给付须种类、品质相同

D. 双方债务均届清偿期

5. 下列关于合同解除的说法正确的有(　　)。

A. 委托人或者受托人都可以随时解除委托合同

B. 不定期租赁合同的双方当事人可以随时解除合同

C. 承揽合同中的定做人可以随时解除合同

D. 在承运人将货物交付收货人之前，托运人可以解除运输合同

6. 甲房产开发公司在交给购房人张某的某小区平面图和项目说明书中都标明有一个健身馆。张某看中该小区健身方便，决定购买一套商品房并与甲公司签订了购房合同。张某收房时发现小区没有健身馆。下列表述正确的有(　　)。

A. 甲公司不守诚信，构成根本违约，张某有权退房

B. 甲公司构成欺诈，张某有权请求甲公司承担缔约过失责任

C. 甲公司恶意误导，张某有权请求甲公司双倍返还购房款

D. 张某不能滥用权利，在退房和要求甲公司承担违约责任之间只能选择一种

答案与解析

一、单项选择题

1. C　【解析】本题考查提存的法律效果。根据《合同法》的规定，标的物提存后，毁损、灭失的风险由债权人承担。提存期间，标的物的孳息归债权人所有。提存费用由债权人负担。债权人领取提存物的权利，自提存之日起五年内不行使而消灭。故正确答案为 C。

2. D　【解析】只有当事人一方迟延履行债务或者有其他违约行为导致另一方不能实现合同目的，才能作为法定解除合同的理由。本题为选非题，故正确答案为 D。

3. B　【解析】只有在债权人无正当理由拒绝受领时，债务人才可以提存。本题为选非题，故正确答案为 B。

4. D　【解析】债权人领取提存物的权利，自提存之日起五年内不行使而消灭，提存物扣除提存费用后归国家所有。故正确答案为 D。

5. B　【解析】本题考查合同解除的效力。根据《合同法》的规定，当事人一方主张解除合同时，应当通知对方，合同自通知到达对方时解除。对方有异议的，可以请求人民法院或者仲裁机构确认解除合同的效力。合同解除不影响当事人请求损害赔偿的权利。在本题中，《通知》中提出建议双方终止协议。而《通报》中明确表示乙方现终止协议。因此，《通报》才属于解除合同的正式通知。故《通报》送达后，并购协议解除。故正确答案为 B。

6. A　【解析】《合同法》第 94 条规定了可以解除合同的条件。本题中，医院使用合同所约定的医疗技术以外的技术为患者进行治疗，严重影响患者治愈机会的实现，已经构成根本违约，王某有权解除合同。关于解除合同的后果，《合同法》第 97 条规定："合同解除后，尚未履行的，终止履行；已经履行的，根据履行情况和合同性质，当事人可以要求恢复原状、采取其他补救措施，并有权要求

赔偿损失。”据此，王某有权要求医院返还医疗费。至于医院采用B技术为王某提供的医疗服务，并非王某所要求的服务，而且实际上并未给王某带来任何利益，因此王某接受B技术治疗不构成不当得利，医院无权从其接受的医疗费中扣除B技术的收费额。故正确答案为A。

7. A 【解析】根据《合同法》第94条规定B项错误。本题中甲公司的迟延付款是由于乙公司的原因造成的，乙公司不享有先履行抗辩权，因此C项错误。提高合同价格，实际上是变更合同。根据《合同法》的规定，在三种情况下可以变更合同，即协议变更合同、根据《合同法》第54条诉请法院变更合同以及根据情势变更制度变更合同。本题中乙公司均不具备这些条件，因此D项错误。而A项，由于甲公司的迟延付款是由于乙公司的原因造成的，不能认定甲公司违约。故正确答案为A。

8. C 【解析】《最高人民法院关于审理城镇房屋租赁合同纠纷案件具体应用法律若干问题的解释》第6条规定："出租人就同一房屋订立数份租赁合同，在合同均有效的情况下，承租人均主张履行合同的，人民法院按照下列顺序确定履行合同的承租人：（一）已经合法占有租赁房屋的；（二）已经办理登记备案手续的；（三）合同成立在先的。不能取得租赁房屋的承租人请求解除合同、赔偿损失的，依照合同法的有关规定处理。”据此，A、B两项表述错误。此外，陈某与孙某没有合同关系，D项显然表述错误。孙某将房屋事先出租给王某并已交付，导致李某无法实现合同目的，根据《合同法》第94条的规定，李某有权解除合同，并可基于孙某违约而要求其承担违约责任。故正确答案为C。

二、多项选择题

1. ABCD 【解析】本题考查合同的法定解除权。根据《合同法》第94条的规定，法定解除的情形有：①因不可抗力致使不能实现合同目的的；②在履行期限届满之前，当事人一方明确表示或者以自己的行为表明不履行主要债务；③当事人一方迟延履行债务或者有其他违约行为致使不能实现合同目的的。故正确答案为ABCD。

2. ABCD 【解析】根据《合同法》第91条规定，有下列情形之一的，合同权利义务终止：（一）债务已经按照约定履行；（二）合同解除；（三）债务相互抵销；（四）债务人依法将标的物提存。故正确答案为ABCD。

3. ACD 【解析】合同解除后既可以自始无效，也可以向将来消灭，故B项错误。故正确答案为ACD。

4. ABCD 【解析】根据《合同法》第99条的规定，当事人互负到期债务，该债务的标的物种类、品质相同的，任何一方可以将自己的债务与对方的债务抵销。故正确答案为ABCD。

5. ABCD 【解析】《合同法》第410条规定，委托人或者受托人可以随时解除委托合同。故A项正确。《合同法》第232条规定，当事人对租赁期限没有约定或者约定不明确，依照《合同法》第61条的规定仍不能确定的，视为不定期租赁。当事人可以随时解除合同，但出租人解除合同应当在合理期限之前通知承租人。故B项正确。《合同法》第268条规定，定做人可以随时解除承揽合同，造成承揽人损失的，应当赔偿损失。故C项正确。《合同法》第308条规定，在承运人将货物交付收货人之前，托运人可以要求承运人中止运输、返还货物、变更到达地或者将货物交给其他收货人，但应当赔偿承运人因此受到的损失。故D项正确。故正确答案为ABCD。

6. AB 【解析】根据《合同法》第94条的规定："有下列情形之一的，当事人可以解除合同：……（四）当事人一方迟延履行债务或者有其他违约行为致使不能实现合同目的。……"据题意，张某的健身的合同目的无从实现，因此有权解除合同退房，故A项正确。根据《合同法》第42条的规定："当事人在订立合同过程中有下列情形之一，给对方造成损失的，应当承担损害赔偿责任：……（二）故意隐瞒与订立合同有关的重要事实或者提供虚假情况。……"由此可见，甲公司满足第42条第2项的规定，应承担缔约过失责任。故B项正确。《最高人民法院关于审理商品房买卖合同纠纷案件适用法律若干问题的解释》第8条规定："具有下列情形之一的，导致商品房买卖合同目的不能实现的，无法取得房屋的买受人可以请求解除合同、返还已付购房款及利息、赔偿损失，并可以请求出卖人承担不超过已付购房款一倍的赔偿责任：（一）商品房买卖合同订立后，出卖人未告知买受人又将该房屋抵押给第三人；（二）商品房买卖合同订立后，出卖人又将该房屋出卖给第三人。"第9条规定："出卖人订立商品房买卖合同时，具有下列情形之一，导致合同无效或者被撤销、解除的，买受人可以请求返还已付购房款及利息、赔偿损失，并可以请求出卖人承担不超过已付购房款一倍的赔偿责任：（一）故意隐瞒没有取得商品房预售许可证明的事实或者提供虚假商品房预售许可证明；（二）故意隐瞒所售房屋已经抵押的事实；（三）故意隐瞒所售房屋已经出卖给第三人或者为拆迁补偿安置房屋的事实。"题目所述事实与该司法解释的这两条规定不符，没有法律依据，因此C项错误。《合同法》第97条规定："合同解除后，尚未履行的，终止履行；已经履行的，根据履行情况和合同性质，当事人可以要求恢复原状、采取其他补救措施，并有权要求赔偿损失。"据此，D项错误。故正确答案为AB。

第 23 章 合同责任

一、单项选择题

1. 根据法律规定，下列关于缔约过失责任的表述中，正确的是(　　)。

A. 一方当事人假借订立合同恶意进行磋商，给他人造成损失的，可成立缔约过失责任

B. 缔约过失责任仅在合同成立时适用

C. 缔约过失责任赔偿的是可期待利益损失

D. 缔约过失责任的赔偿额通常大于违约责任

2. 甲、乙同为儿童玩具生产商。“六一”儿童节前夕，丙与甲商谈进货事宜。乙知道后向丙提出更优惠条件，并指使丁假借订货与甲接洽，报价高于丙以阻止甲与丙签约。丙经比较与乙签约，丁随即终止与甲的谈判，甲因此遭受损失。对此，下列说法正确的是(　　)。

A. 乙应对甲承担缔约过失责任

B. 丙应对甲承担缔约过失责任

C. 丁应对甲承担缔约过失责任

D. 乙、丙、丁无须对甲承担缔约过失责任

3. 甲、乙双方约定，由丙每月代乙向甲偿还债务 500 元，期限 2 年。丙履行 5 个月后，以自己并不对甲负有债务为由拒绝继续履行。甲遂向法院起诉，要求乙、丙承担违约责任。法院应(　　)。

A. 判决乙承担违约责任

B. 判决丙承担违约责任

C. 判决乙、丙连带承担违约责任

D. 判决乙、丙分担违约责任

4. 甲、乙在火车上相识，甲怕自己到站时未醒，请求乙在 A 站唤醒自己下车，乙欣然同意。火车到达 A 站时，甲沉睡，乙也未醒。甲未能在 A 站及时下车，为此支出了额外费用。甲要求乙赔偿损失。对此，应(　　)。

A. 由乙承担违约责任

B. 由乙承担侵权责任

C. 由乙承担缔约过失责任

D. 由甲自己承担损失

二、多项选择题

1. 根据合同法律制度的规定，下列情形中，属于不可抗力的有(　　)。

A. 海啸

B. 社会大罢工

C. 台风

D. 政府政策的变更

2. 孙女士于 2004 年 5 月 1 日从某商场购买一套化妆品，使用后皮肤红肿出疹，就医不愈花费巨大。2005 年 4 月，孙女士多次交涉无果将商场诉至法院。下列说法正确的是(　　)。

A. 孙女士可以要求商场承担违约责任

B. 孙女士可以要求商场承担侵权责任

C. 孙女士可以要求商场承担缔约过失责任

D. 孙女士可以要求撤销合同

3. 甲公司与乙公司签订商品房包销合同，约定甲公司将其开发的 10 套房屋交由乙公司包销。甲公司将其中 1 套房屋卖给丙，丙向甲公司支付了首付款 20 万元。后因国家出台房地产调控政策，丙不具备购房资格，甲公司与丙之间的房屋买卖合同不能继续履行。下列表述正确的是(　　)。

A. 甲公司将房屋出卖给丙的行为属于无权处分

B. 乙公司有权请求甲公司承担违约责任

C. 丙有权请求解除合同

D. 甲公司只需将 20 万元本金返还给丙

答案与解析

一、单项选择题

1. A 【**解析**】本题考查缔约过失责任。当事人一方在订立合同的过程中，假借订立合同，恶意进行磋商，给对方造成损失的，应当承担缔约过失责任：缔约过失责任适用于合同未成立、未生效或无效等情况。缔约过失责任赔偿的是信赖利益的损失。缔约过失责任的赔偿额通常小于违约责任。故正确答案为A。

2. C 【解析】本题考查缔约过失责任。丁假借订货与甲接洽，报价高于丙以阻止甲与丙签约，即属于假借订立合同，恶意进行磋商的情形，因此，合同当事人丁应当对甲承担缔约过失责任。另外，乙和丙均不是合同的当事人，因此，不承担缔约过失责任。因此，A、B两项是错误的。丁需对甲承担缔约过失责任，因此，D项的说法也是错误的。故正确答案为C。

3. A 【解析】根据《合同法》第65条的规定，当事人约定由第三人向债权人履行债务的，第三人不履行债务或者履行债务不符合约定，债务人应当向债权人承担违约责任。故正确答案为A。

4. D 【解析】本案中，甲请求乙在A站唤醒自己下车，乙虽欣然同意，但并没有受法律约束的意思，因此甲、乙之间并不成立合同。故乙不承担任何法律责任。故正确答案为D。

二、多项选择题

1. ABCD 【解析】本题考查不可抗力的范围。不可抗力是指不能预见、不能避免并不能克服的客观情况。常见的不可抗力有自然灾害、政府行为和社会异常现象。如地震、台风、洪水、海啸等。故正确答案为ABCD。

2. AB 【解析】孙女士与商场之间存在有效的买卖合同，商场提供的化妆品不符合质量要求构成违约。同时，该化妆品给孙女士造成了人身损害，构成侵权。孙女士可以向商场主张违约责任或侵权责任。故正确答案为AB。

3. BC 【解析】甲公司与乙公司签订商品房包销合同，并不影响房屋的归属，甲公司仍然享有房屋所有权，其将1套房屋出卖给丙的行为不属于无权处分，所以，A项错误。但是，甲将1套房屋出卖给丙，与丙签订买卖合同，违反其与乙包销合同的约定，乙公司有权请求甲公司承担违约责任，所以，B项正确。依情事变更规则，因国家出台房地产调控政策，导致丙不具备购房资格，丙有权请求解除合同，所以C项正确。非因违约行为导致解除合同时，双方只需返还已交付的依情事变更规则标的及利息，所以甲公司需将20万元本金及利息返还给丙，所以，D项错误。故正确答案为BC。

第 24 章　典型合同

一、单项选择题

1. 根据合同法律制度的规定，下列情形中，应由出卖人承担标的物损毁、灭失风险的是(　　)。

A. 合同约定卖方代办托运，出卖人已将标的物发运，已经到达约定的交付地点

B. 买受人下落不明，出卖人将标的物提存

C. 标的物已经运抵交付地点，买受人因标的物不符合约定的质量标准导致不能使用而拒绝接受

D. 合同约定在标的物所在地交货，约定时间已过，买受人仍未前往提货

2. 下列关于商品房买卖合同的说法中，不符合法律规定的是(　　)。

A. 商品房的销售广告和宣传资料为要约邀请，但是出卖人就商品房开发规划范围内的房屋及相关设施所做的说明和允诺具体确定，并对商品房买卖合同的订立以及房屋价格的确定有重大影响的，应当视为要约

B. 出卖人未取得商品房预售许可证明，与买受人订立的商品房预售合同，应认定为效力待定

C. 房屋套内建筑面积或者建筑面积与商品房买卖合同约定面积误差比绝对值超出 3% 的，买受人可以解除合同

D. 出卖人故意隐瞒所售房屋已经抵押的事实，买受人可以在解除合同并赔偿损失的前提下，还可以要求出卖人承担不超过已付购房款一倍的赔偿责任

3. 张三与李四于 2015 年 3 月 1 日签订了一份为期 12 个月的房屋租赁合同。2016 年 2 月 1 日，张三未经李四同意又将该房屋卖给了王五。根据合同法律制度的规定，下列说法中，正确的是(　　)。

A. 房屋买卖合同无效，房屋租赁合同继续有效

B. 房屋买卖合同有效，从房屋买卖合同生效时起房屋租赁合同终止

C. 房屋买卖合同有效，房屋租赁合同持续生效至 2016 年 3 月 1 日

D. 房屋买卖合同有效，但房屋租赁合同须经王五同意后方可继续有效

4. 甲、乙、丙三公司经协商一致，签订融资租赁合同。甲公司为承租人，由其选定丙公司生产的一套机器设备，由乙公司购买后交付给甲公司使用。在租赁期限内，由于甲公司员工王某操作不当，导致李某受到重伤，根据合同法律制度的规定，应当对李某承担赔偿责任的是(　　)。

A. 甲公司　　B. 乙公司

C. 丙公司　　D. 王某

5. 甲委托乙运输公司运送10吨大米，收货人丙在收货时当地正在下大雨，由于丙采取的措施不当，导致其中的50袋大米被雨淋。另外，大米在运输途中，由于自然损耗，减少了10千克。对于这些损失，承运人(　　)。

A. 应负全部赔偿责任　　B. 不负任何赔偿责任

C. 只赔偿直接损失　　D. 应承担部分赔偿责任

6. 甲公司是一家经批准经营行纪业务的公司，2016年5月，甲公司受乙公司委托，为其购买某种型号的特殊钢材，甲公司经过反复考察，与丙公司签订了买卖合同。在买卖合同的履行中，丙公司所交付的钢材存在严重质量缺陷，导致乙公司在建造厂房的过程中发生事故遭受财产损失10万元。根据合同法律制度的规定，下列表述中不正确的是(　　)。

A. 甲公司以自己的名义与丙公司签订钢材买卖合同

B. 甲公司对钢材买卖合同直接享有权利，承担义务

C. 乙公司的财产损失由丙公司承担

D. 乙公司的财产损失由甲公司承担

7. 根据合同法律制度的规定，建设工程合同当事人对工程实际竣工日期有争议时，下列处理规则中，正确的是(　　)。

A. 承包人已提交竣工验收报告，发包人拖延验收的，以承包人提交验收报告之日为竣工时间

B. 工程未经竣工验收发包人擅自使用的，以工程封顶之日为竣工日期

C. 工程竣工验收合格的，以工程转移占有之日为竣工日期

D. 工程未经竣工验收发包人擅自使用的，以开始使用之日为竣工日期

8. 甲公司通过乙互联网借贷平台向丙公司借款30万元，用于生产经营，年利率为28%。乙互联网借贷平台在主页上标明“通过本平台签订的借款合同，本公司保障出借人的本金安全”字样。根据合同法律制度的规定，下列表述中，正确的是(　　)。

A. 甲、丙公司属法人间借贷，借款合同无效

B. 借款利率高于法定最高利率，借款合同无效

C. 乙互联网借贷平台应当对借款本金承担担保责任

D. 借款利率高于24% 的法定最高利率，超出部分利息约定无效

9. 根据法律规定，下列关于委托合同的表述中，正确的是(　　)。

A. 原则上受托人有权转委托，不必征得委托人同意

B. 无偿的委托合同，因受托人一般过失给委托人造成损失的，委托人可以要求赔偿损失

C. 有偿的委托合同，因不可归责于受托人的事由，委托事务不能完成的，委托人有权拒绝支付报酬

D. 两个以上的受托人共同处理委托事务的，对委托人承担连带责任

二、多项选择题

1. 丁某将其房屋出租给方某，根据合同法律制度的规定，下列表述中，正确的有(　　)。

A. 若方某未经丁某同意将房屋转租给李某，则丁某有权解除合同并请求李某返还房屋

B. 若方某未经丁某同意将主卧卫生间改为书房，则丁某可以要求方某恢复原状或赔偿损失

C. 丁某和方某可以约定由承租人方某在租赁期间履行对房屋的维修义务

D. 若方某在租赁期间内死亡，方某的妻子可以继续按照原租赁合同租赁该房屋

2. 甲建筑公司与乙房地产开发公司签订一份建设工程合同，由甲公司为乙公司承建写字楼 3 栋，总造价 3 亿元，由甲公司全额垫资。工程如期竣工后，乙公司因写字楼出售情况不佳而未按约定支付工程款，经甲公司催告在合理期限内，乙公司表示仍无法支付工程价款。在此情形下，甲公司可以采取的措施及后果有(　　)。

A. 与乙公司协商将写字楼折价后抵债，或申请人民法院拍卖该写字楼，以所得价款优先受偿

B. 甲公司行使优先权的期限自建设工程竣工之日或合同约定之日起 6 个月

C. 对工程折价或拍卖的价款，甲公司享有的优先受偿权优于抵押权和未设定抵押的其他债权

D. 甲公司享有的优先受偿权可以对抗已经支付大部分购买商品房价款的消费者

3. 甲为庆祝好友乙60岁生日，拟赠与其古董瓷瓶一只。但双方约定，瓷瓶交付乙后，甲可以随时借用该瓷瓶。根据合同法律制度的规定，下列表述中，正确的有(　　)。

A. 瓷瓶交付乙前，甲不得撤销赠与

B. 瓷瓶交付乙后，若被鉴定为赝品，乙有权以欺诈为由撤销赠与

C. 瓷瓶交付乙后，若甲请求借用时被乙拒绝，甲可以撤销赠与

D. 瓷瓶交付乙前，若甲的经济状况显著恶化，严重影响其生活，可不再履行赠与义务

4. 某房地产开发公司在销售中被查出大量欺诈消费者的事实。下列情形中，买受人可以请求该公司返还已付购房款及利息、赔偿损失，并可以请求该公司承担不超过已付购房款一倍的赔偿责任的有(　　)。

A. 该公司故意隐瞒没有取得商品房预售许可证明的事实

B. 该公司故意隐瞒所售房屋已经抵押的事实

C. 该公司故意隐瞒所售房屋已经出卖给第三人的事实

D. 该公司故意隐瞒所售房屋存在严重质量问题的事实

三、案例分析题

甲将其位于某住宅楼顶层的一套住房出租给乙，租期2年，月租金9000元，但未约定租金的支付方式，书面租赁合同签订当日，乙向甲支付了1年的租金。

租期第2个月，房屋天花板严重漏雨。乙通知甲维修，甲以合同未约定维修条款为由拒绝，乙只好自己找人维修，花去维修费8000元，维修期间房屋无法居住，乙全家住酒店10天，住宿费用3000元。

租期第5个月，乙全家出国半年。行前，乙经甲同意将房屋转租给丙，租期半年，丙租住期间，因使用不当，将甲的洗衣机损坏，乙回国后，甲要求乙赔偿洗衣机损坏的损失，乙提出洗衣机系由丙损坏，甲应向丙索赔。

租期第13个月，甲要求乙支付第二年租金，乙拒绝。同时，乙要求甲支付天花板维修费8000元，并减免维修期间相当于酒店住宿费用的租金3000元，甲拒绝。

租期第14个月，乙在未告知甲的情况下，在客厅造了一个壁炉。甲知悉后，要求乙拆除。

租期第 16 个月，甲在未通知乙的情况下，将房屋出卖给自己的姐姐丁并于 3 天后办理房屋转让登记。乙以优先购买权受到侵害为由，要求甲承担赔偿责任，丁则通知乙 1 个月内搬出。根据上述内容，分别回答下列问题：

（1）甲是否有义务维修房屋天花板？乙是否有权要求甲支付天花板维修费用并减免维修期间相当于酒店住宿费用的租金？并分别说明理由。

（2）甲是否有权要求乙赔偿洗衣机损坏的损失？并说明理由。

（3）租期第 13 月时，乙是否有权拒绝甲关于支付第二年租金的要求？并说明理由。

（4）甲是否有权要求乙拆除壁炉？并说明理由。

（5）丁是否取得房屋的所有权？并说明理由。

（6）乙关于其优先购买权受到侵害的主张是否成立？并说明理由。

（7）丁是否有权要求乙 1 个月内搬出？并说明理由。

答案与解析

一、单项选择题

1. C　**【解析】**本题考查买卖合同中标的物风险的转移。根据《合同法》的规定，风险转移的规则是：标的物毁损、灭失的风险，在标的物交付之前由出卖人承担，交付之后由买受人承担，但法律另有规定或者当事人另有约定的除外。法律所规定的特殊情况有：出卖人按照约定或者依照规定将标的物置于交付地点，买受人违反约定没有收取的，风险自违反约定之日起由买受人承担。因债权人下落不明，债务人可以将标的物提存，办理提存后，标的物的风险由债权人承担；因标的物的质量不符合质量要求，致使不能实现合同目的的，买受人可以拒绝接受标的物或解除合同，买受人拒绝接受标的物或解除合同的，标的物的风险由出卖人承担。故正确答案为 C。

2. B　**【解析】**本题考查商品房买卖合同。根据《最高人民法院关于审理商品房买卖合同纠纷案件适用法律若干问题的解释》的规定，出卖人未取得商品房预售许可证明，与买受人订立的商品房预售合同，应当认定无效，但是在起诉前取得商品房预售许可证明的，可以认定有效。本题为选非题，故正确答案为 B。

3. C　**【解析】**本题考查“买卖不破租赁”的原则，租赁物在租赁期间发生所有权变动的，不影响租赁合同的效力，原租赁合同继续有效。房屋所有权人出卖已经出租的房屋也无须征得承租人的同意。故正确答案为C。

4. A 【解析】本题考查融资租赁合同中租赁物导致第三人损害的赔偿责任。根据《合同法》的规定，承租人占有租赁物期间，租赁物造成第三人的人身伤害或者财产损害的，出租人不承担责任。同时，因租赁物致人损害不是由于质量问题。出卖人也没有责任。王某是甲公司的员工，且是在履行工作职务时造成损害，应由所在的公司承担责任。所以，应由甲公司承担赔偿责任。故正确答案为A。

5. B 【解析】本题考查货运合同中的赔偿责任。承运人对运输过程中货物的毁损、灭失承担损害赔偿责任，但承运人证明货物的毁损、灭失是因不可抗力、货物本身的自然性质或者合理损耗以及托运人、收货人的过错造成的，不承担损害赔偿责任。故正确答案为B。

6. C 【解析】本题考查行纪合同。根据《合同法》的规定，行纪合同是行纪人以自己的名义为委托人从事贸易活动，委托人支付报酬的合同。行纪人与第三人订立合同的，行纪人对该合同直接享有权利、承担义务。第三人不履行义务致使委托人受到损害的，如果行纪人与委托人没有特别约定，行纪人应当承担损害赔偿责任。本题为选非题，故正确答案为C。

7. A 【解析】本题考查建设工程竣工日期的确定。根据《合同法》的规定，当事人对竣工日期有争议的，工程经验收合格的，以验收合格之日为准；发包人拖延验收的，以承包人提交验收报告之日为准；未经验收发包人擅自使用的，以转移占有之日为准。故正确答案为A。

8. C 【解析】本题考查民间借贷合同。根据《最高人民法院关于审理民间借贷案件适用法律若干问题的规定》的规定，法人之间、其他组织之间为生产经营需要订立的民间借贷合同，原则上有效。借贷双方约定的利率超过年利率的36%，超过部分的利息约定无效。故A、B、D三项是错误的。网络贷款平台的提供者通过网页、广告或者其他媒介明示或者有其他证据证明其为借贷提供担保，出借人请求网络贷款平台的提供者承担担保责任的，人民法院应予以支持。故正确答案为C。

9. D 【解析】本题考查委托合同。根据《合同法》规定，原则上受托人应当亲自处理委托事务，经委托人同意，受托人可以转委托。无偿的委托合同，因受托人的故意或重大过失给委托人造成损失的，委托人可以索赔，因受托人的一般过失给委托人造成损失的，委托人不能要求赔偿损失。因不可归责于受托人的事由，委托合同解除或者委托事务不能完成的，委托人应当向受托人支付相应的报酬；故 A、B、C 三项均不正确。两个以上的受托人共同处理委托事务的，对委托人承担连带责任，故 D 项正确。故正确答案为 D。

二、多项选择题

1. ABCD　**【解析】**本题考查房屋租赁合同。根据《合同法》的规定，承租人未经出租人同意转租的，出租人可以解除合同。出租人应当履行租赁物的维修义务，但当事人另有约定的除外。承租人未经出租人同意，对租赁物进行改善或增设他物的，出租人可以要求恢复原状或赔偿损失。承租人在房屋租赁期间死亡的，与其生前共同居住的人可以按照原租赁合同租赁该房屋。故正确答案为 ABCD。

2. ABC　**【解析】**根据合同法律制度的规定，发包人未按照约定支付价款的，承包人可以催告发包人在合理期限内支付价款。发包人逾期不支付的，除按照建设工程的性质不宜折价、拍卖的以外，承包人可以与发包人协议将该工程折价，也可以申请人民法院将该工程依法拍卖。建设工程的价款就该工程折价或者拍卖的价款优先受偿。承包人的优先受偿权优于抵押权和其他债权。但是，消费者交付购买商品房的全部或者大部分款项后，承包人就该商品房享有的工程价款优先受偿权不得对抗买受人。建筑工程价款包括建设工程的人员报酬、材料款等实际支出。不包括承包人因发包人违约所造成的损失。建设工程承包人行使优先权的期限为 6 个月，自建设工程竣工之日或者建设工程合同约定的竣工之日起计算。故正确答案为 ABC。

3. CD　**【解析】**根据《合同法》的规定，赠与人在赠与财产的权利转移之前可以撤销赠与，故 A 项错误。本题中没有显示甲有欺诈的故意，也不存在法定解除的理由，乙无权以欺诈为由撤销赠与，故 B 项错误。受赠人不履行赠与合同约定的义务，赠与人可以撤销赠与；赠与合同成立后，赠与人经济状况严重恶化，严重影响生产经营或家庭生活的，可以不履行赠与义务。故正确答案为 CD。

4. ABC　**【解析】**《最高人民法院关于审理商品房买卖合同纠纷案件适用法律若干问题的解释》第 9 条规定，出卖人订立商品房买卖合同时，具有下列情形之一，导致合同无效或者被撤销、解除的，买受人可以请求返还已付购房款及利息、赔偿损失，并可以请求出卖人承担不超过已付购房款一倍的赔偿责任：①故意隐瞒没有取得商品房预售许可证明的事实或者提供虚假商品房预售许可证明；②故意隐瞒所售房屋已经抵押的事实；③故意隐瞒所售房屋已经出卖给第三人或者为拆迁补偿安置房屋的事实。故正确答案为 ABC。

三、案例分析题

【答案要点】

(1) 甲有义务维修房屋天花板，乙有权要求支付天花板维修费用并减免维修期间相当于酒店住宿费用的租金。

根据《合同法》的有关规定，出租人应当履行租赁物的维修义务，但当事人另有约定的除外。承租人在租赁物需要维修时可以要求出租人在合理期限内维修。出租人未履行维修义务的，承租人可以自行维修，维修费用由出租人负担。因维修租赁物影响承租人使用的，应当相应减少租金或者延长租期。

(2) 甲有权要求乙赔偿洗衣机损坏的损失。

根据《合同法》的有关规定，承租人经出租人同意，可以将租赁物转租给第三人。承租人转租的，承租人与出租人之间的租赁合同继续有效，第三人对租赁物造成损失的，承租人应当赔偿损失。

(3) 乙有权拒绝甲关于支付第二年租金的要求。

根据《合同法》的有关规定，承租人应当按照约定的期限支付租金。对支付期限没有约定或者约定不明确的，依照本法第61条的规定仍不能确定，租赁期间不满一年的，应当在租赁期间届满时支付；租赁期间一年以上的，应当在每届满一年时支付，剩余期间不满一年的，应当在租赁期间届满时支付。

(4) 甲有权要求乙拆除壁炉。

根据《合同法》的有关规定，承租人经出租人同意，可以对租赁物进行改善或增设他物，承租人未经出租人同意，对租赁物进行改善或增设他物的，出租人可以要求恢复原状或赔偿损失。

(5) 丁取得了房屋所有权。

根据《物权法》的有关规定，不动产物权的设立、变更、转让和消灭，经依法登记，发生效力；未经登记，不发生效力，但法律另有规定的除外。本题中，甲和丁办理房屋过户登记手续，丁已经取得了所有权。

(6) 乙关于其优先购买权受到侵害的主张不成立。

根据《最高人民法院关于审理城镇房屋租赁合同纠纷案件具体应用法律若干问题的解释》的规定，出租人将房屋出卖给近亲属的，承租人主张优先购买房屋的，人民法院不予支持。

(7) 丁无权要求乙1个月内搬出。

根据《合同法》规定，租赁物在租赁期间发生所有权变动的，不影响租赁合同的效力。

第 25 章　无因管理之债

一、单项选择题

1. 下列情形会引发无因管理之债的是(　　)。

A. 甲向乙借款，丙在明知乙的请求权已过诉讼时效的情况下仍然代甲向乙还本付息

B. 甲在自家门口扫雪，顺便将邻居乙轿车上的积雪清扫干净

C. 甲与乙结婚后，乙生育一子丙，甲抚养丙 5 年后才得知丙是乙与他人的私生子

D. 甲拾得乙遗失的耕牛一头，追寻事主未果，将该小牛牵回家中暂养。

2. 甲饲养一只山羊，误入乙饲养的羊群，乙误以为是自己的山羊而予以饲养。在该山羊生病时，请人医治花去费用 20 元。后甲要求返还时，乙要求支付 20 元的费用。对该 20 元的费用，在性质上应定为(　　)。

A. 不当得利之债

B. 侵权行为之债

C. 无因管理之债

D. 不当得利之债或无因管理之债

3. 沈某某的房屋与张某家的房屋相邻。张某家把房屋出租给丙居住，并为该房屋在 A 公司买了火灾保险。某日沈某某见张某家的房屋起火，唯恐大火蔓延自家受损，遂率家人救火，火势得到及时控制，但沈某某被烧伤住院治疗。下列表述正确的是(　　)。

A. 沈某某主观上为避免自家房屋受损，不构成无因管理

B. 沈某某只能向张某家主张医疗费赔偿，因张某家是房屋所有人

C. 沈某某只能向丙主张医疗费赔偿，因丙是房屋的实际使用人

D. 沈某某依据无因管理不能向 A 公司主张医疗费赔偿，因沈某某欠缺为 A 公司的利益实施管理的主观意思

4. 张某外出，台风将至。邻居李某担心张某年久失修的房子被风刮倒，

祸及自家，就雇人用几根木料支撑住张某的房子，但张某的房子仍然不敌台风，倒塌之际压死了李某养的数只鸡。下列说法正确的是(　　)。

A. 李某初衷是为自己，故不构成无因管理

B. 房屋最终倒塌，未达管理效果，故无因管理不成立

C. 李某的行为构成无因管理

D. 张某无须支付李某固房费，但应赔偿房屋倒塌给李某造成的损失

5. 陈某外出期间家里失火，邻居家10岁的女儿刘某呼叫邻居救火，并取自家衣物参与扑火。在救火过程中，刘某手部烧伤，花去医疗费200元，衣物损失100元，下列说法正确的是(　　)。

A. 陈某应偿付刘某100元

B. 陈某应偿付刘某200元

C. 陈某应偿付刘某300元

D. 刘某属于限制民事行为能力人，陈某无须补偿刘某

二、多项选择题

1. 下列事项不构成无因管理的事务有(　　)。

A. 主动招待同事的朋友

B. 违法的事项

C. 和本人人身权利相关必须由本人完成的事项

D. 单纯的不作为

2. 下列事实中构成无因管理之债的事项有(　　)。

A. 未受委托，雇人为邻居的危险房屋加固，以免遭台风袭击损毁

B. 抢救溺水的儿童

C. 洗车行主动对停在路边的车辆进行清洗

D. 抚养收养的子女

3. 甲被车撞伤，昏迷于路旁，肇事司机驾车逃逸。乙路过此地，打了一辆出租车将甲送往医院，支出医疗费若干元。在救助过程中，乙的名贵衣服被血渍染脏，已不堪使用。则乙可以向甲主张的权利有(　　)。

A. 出租车费用返还请求权

B. 医疗费返还请求权

C. 衣服的损害赔偿请求权

D. 报酬请求权

4. 甲将出国，将其价值 1 万元的传家古董托其好友乙保管。乙擅自将该古董高价卖给丙，得价金 1.2 万元，花去费用 500 元，甲回国后，发现古董已被乙卖掉，甚是气愤，则甲得对乙主张的权利有(　　)。

A. 得主张违约责任

B. 得主张乙构成无因管理，请求返还 1.2 万元价金，但亦须支付乙 500 元费用

C. 得主张乙构成不当得利，返还 1.2 万元

D. 得主张乙构成侵权，赔偿 1.2 万元

5. 在无因管理之债中，管理人的义务主要包括(　　)。

A. 适当管理的义务

B. 及时通知本人的义务

C. 管理终止时向本人报告的义务

D. 将因管理所得财物交还本人的义务

三、简答题

1. 简述无因管理的成立要件

2. 简述无因管理的效力。

四、论述题

论无因管理与无权代理的区别。

答案与解析

一、单项选择题

1. D 【解析】适当的无因管理应当不违背本人明知或可推知的意思。A 项违反了甲可推知的意思；B 项为生活事务，不产生法律上的权利义务；C 项不具有为他人管理的意思；D 项属于拾得遗失物有为他人管理的意思，构成无因管理。

2. A 【解析】在本题中，乙为山羊看病在主观上不是为了他人的利益，因此不符合无因管理的构成要件，但符合不当得利的构成条件。故正确答案为 A。

3. D 【解析】无因管理要求为他人利益而为管理，但并不要求在主观上完全为他人利益，故 A 项不正确。本案中的受益人为张某家和丙，而并非 A 公司，

故沈某某可向张某家和丙主张赔偿，但不能向A公司主张赔偿。故正确答案为D。

4. C 【解析】根据《民法总则》第121条的规定，李某虽有为自己利益的初衷，但其行为的直接原因在于为张某修缮房屋，故有为他人利益的主观目的，故A项错误。无因管理重在为他人利益管理他人事务，至于管理的效果不影响无因管理的成立，故B项错误。本题中，李某的行为构成无因管理，根据前述规定，李某有权要求张某支付管理费用，故D项错误。故正确答案为C。

5. C 【解析】无因管理属于事实行为，并不要求管理人具有完全民事行为能力，所以本题中刘某的行为构成无因管理，其有权要求陈某偿付其因管理行为而支付的必要费用。本题中刘某救火中手部烧伤花去的医疗费200元和衣物损失100元，都属于必要费用，陈某应该偿付。故正确答案为C。

二、多项选择题

1. ABCD 【解析】管理下列事务不构成无因管理：①违法的或者违背社会公德的行为；②不足以发生民事法律后果的纯粹道义上的、宗教上的、一般生活事务的行为；③单纯的不作为；④依照法律规定应当由本人实施的或经本人授权才能实施的行为。故正确答案为ABCD。

2. AB 【解析】C项并不存在管理他人事务的必要；D项系履行法定义务，不属于无因管理。故正确答案为AB。

3. ABC 【解析】本题中，乙的行为为无因管理行为，作为无因管理之债的管理人，对垫付费用和遭受损失均享有请求权，但不享有报酬请求权。故正确答案为ABC。

4. ACD 【解析】本题中，甲与乙之间的关系为委托保管关系，故乙未经甲同意，擅自处分保管物，违反了妥善保管的义务和返还义务，构成违约；此外，乙擅自处分甲的财产，构成侵权。乙无权保有价金，属于不当得利。乙并非为甲的利益而出售古董，故不构成无因管理。故正确答案为ACD。

5. ABCD 【解析】无因管理中管理人的义务包括适当管理的义务、通知义务、报告义务及交还义务。故正确答案为ABCD。

三、简答题（略）

四、论述题（略）

第 26 章　不当得利之债

一、单项选择题

1. 根据我国民法规范，下列属于不当得利的是(　　)。

A. 养子给生身父母的赡养费

B. 因赌博而给对方的财物

C. 明知没有给付义务而进行给付

D. 甲将发给乙的货错发给丙

2. 在下列情形中，乙构成不当得利的是(　　)。

A. 甲欠乙 500 元，丙在甲不知情的情况下自愿代为偿还

B. 甲大学新建校区，当地居民乙的房屋大幅升值

C. 甲向乙提前偿还债务

D. 甲雇人耕田，雇工误耕了乙的数亩待耕之田

3. 某甲向银行取款时，银行工作人员因点钞失误多付给某 1 万元。甲以这 1 万元作本钱经商，获利 5000 元，其中 2000 元为其劳务管理费用成本。1 个月后银行发现了多付款的事实，要求甲退回，甲不同意。下列有关该案的表述正确的是(　　)。

A. 甲无须返还，因系银行自身失误所致

B. 甲应返还银行多付的 1 万元

C. 甲应返还银行多付的 1 万元，同时还应返还 1 个月的利息

D. 甲应返还银行多付的 1 万元，同时还应返还 1 个月的利息及 3000 元利润

4. 甲厂向乙厂购买了 8 吨工业用氯化钠。在装车时，乙工作人员误装了 10 吨。甲厂提货人员也未察觉。甲厂汽车在途中翻入河中，氯化钠全部溶解而损失。甲厂应向乙厂支付氯化钠的价款(　　)。

A. 10 吨　　　　B. 8 吨

C. 9 吨　　　　D. 2 吨

5. 送奶人员将王某订的牛奶放入其邻居张某家的奶箱中，张某不明所以，取而饮之。张某行为的性质应认定为(　　)。

A. 不构成侵权行为，但构成无权代理

B. 构成侵权行为，侵害了王某对牛奶的所有权

C. 并无不当

D. 构成不当得利

二、多项选择题

1. 下列情形中构成不当得利的有(　　)。

A. 甲将乙丢弃的病牛拾回家，经精心治疗病牛痊愈

B. 甲研究所从乙工厂堆放在厂外的废料中提取出贵重物品而获利

C. 甲捡到乙的一块手表，而拿回家自己用

D. 甲鱼塘的鱼跳入乙鱼塘

2. 因不当得利，在受损人与受益人之间产生的效力包括(　　)。

A. 受益人返还原物

B. 原物所生孳息，也应一并返还

C. 原物不存在的，善意受让人无须返还

D. 原物不存在的，恶意受益人应予赔偿

3. 甲在坐出租车时捡到乙丢失的钱包，内有5000元现金。甲想占为己有，于是准备将钱存入自己的存折，但在途中被抢劫4000元。以下说法正确的有(　　)。

A. 甲无须返还乙5000元现金

B. 甲需返还乙5000元现金

C. 甲应当返还1000元

D. 甲占有乙现金的行为构成侵权

三、简答题

1. 简述不当得利的成立条件。

2. 简述不当得利之债的类型。

四、论述题

论不当得利之债的内容。

五、案例分析题

甲以放牧为生，某日突然发现自己的牛群里多了一头大黄公牛，周围的人也无人询问此牛。几天后，其妻劝甲将此牛卖掉。以免惹出麻烦，甲遂将该牛以 1200 元的价格出卖给邻村的王某。一天，此牛被失主李某发现，便要求王某返还。王某称牛是从甲处买的，拒不交牛。于是李某便找到甲，要求其返还卖牛所得的 1200 元。甲认为牛又不是他偷的，也不是捡的，而是自己跑来的，合理合法，拒不返还卖牛所得价款。李某只好诉到法院，要求甲返还卖牛所得 1200 元。请回答下列问题：

（1）法院是否应支持李某的诉讼请求？

（2）李某能否请求王某返还牛？

答案与解析

一、单项选择题

1. D 【解析】不当得利的成立要件有四：①一方取得财产利益；②一方受有损失；③取得利益与所受损失间有因果关系；④没有法律上的根据。D 项构成不当得利。A 项属于履行道德上的义务，B 项属于不法给付，C 项属于非债清偿，均不构成不当得利。故正确答案为 D。

2. D 【解析】在 A、C 两项中，乙的受领均有合法依据，故不构成不当得利。在 B 项中，乙虽然取得利益，但甲未因此遭受损失，也不构成不当得利。D 项符合不当得利的构成要件。故正确答案为 D。

3. C 【解析】返还的不当利益，包括原物和原物所生的孳息。可见，不当得利方没有向受损失方返还用不当得利所得的其他利益的义务。因此，题目中银行损失的是本金和利息，甲应返还的是不当得利 1 万元以及 1 个月的利息。所得利润并非孳息故无须返还。故正确答案为 C。

4. B 【解析】本题涉及对善意情况下不当得利返还范围的理解。本案中，乙厂多装了 2 吨氯化钠，但甲厂并不知情，为善意的受益人，因此，只需返还现存利益。而 2 吨氯化钠因意外事故已不复存在，且没有代偿物，故无须返还。故正确答案为 B。

5. D 【解析】张某并未以王某的名义进行民事法律行为，故非代理；张某不存在过错，故非侵权；张某无法律依据自己受益他人受损，故构成不当得利。故正确答案为D。

二、多项选择题

1. CD 【解析】A、B两项中虽然甲受益，但乙并未受损，故不构成不当得利。C、D两项符合不当得利的构成要件。故正确答案为CD。

2. ABD 【解析】不当得利的返还范围包括原物和孳息。善意受益人的返还以现有利益为限，原物不存在的，如果有代偿物如赔偿金、保险金、补偿金等也应予以返还。恶意受益人返还利益的范围应是受益人取得利益时的数额，即使该利益已不存在，恶益受益人也应予以返还。故正确答案为ABD。

3. BD 【解析】甲的行为已经构成侵权，因此应当返还的不仅包括现有1000元，还应当承担另外被抢劫的4000元以及利息。故正确答案为BD。

三、简答题（略）

四、论述题（略）

五、案例分析题

【答案要点】

（1）法院应予支持。甲所获牛的价款属于不当得利。不当得利是指没有法律或合同上的根据而受利益，致他人受损害的行为。本案中，甲见自己牛群里多出一头牛后，故意占为己有，没有合法根据，其卖掉此牛取得不当利益，属于不当得利。

（2）可以。王某购买的是遗失物，而遗失物并不适用善意取得。根据《物权法》第107条的规定，李某可以自知道或者应当知道王某之日起二年内向王某请求返还原物。如果超过两年，李某只能向甲请求赔偿损失。

第27章　人　格　权

一、单项选择题

1. 下列关于人身权属性的表述中，正确的是(　　)。

A. 不能转让

B. 可以转让，但不能继承

C. 可以继承，但不能转让

D. 一般不能转让，但法律另有规定的除外

2. 下列关于人身权的说法中，正确的是(　　)。

A. 人身权以特定精神利益为内容，和财产权益没有关系

B. 人身权的权利主体是特定的，义务主体也是特定的

C. 人身权是绝对权

D. 人身权是相对权

3. 下列关于姓名权的表述中，正确的是(　　)。

A. 姓名权是自然人享有的人格权

B. 姓名权是自然人享有的身份权

C. 姓名权是法人享有的人格权

D. 姓名权是法人享有的身份权

4. 某电影演员因一部儿童电影而出名，某公司未经该演员同意，将印有其表演形象的宣传海报大量用于玩具、书包、文具等儿童产品的包装和装潢。对于该公司行为的性质，下列表述中正确的是(　　)。

A. 侵犯了制片方的发表权

B. 侵犯了该演员的表演者权

C. 侵犯了该演员的肖像权

D. 侵犯了该演员的复制权

5. 甲为摄影家乙充当其模特。双方未对照片的发表和使用做出约定。后乙将甲的裸体照片以人体艺术照的形式出版发行，致使甲受到亲朋好友的指责。对此，下列说法中正确的是(　　)。

A. 乙发表照片侵犯了甲的隐私权

B. 乙发表照片已经取得甲的默示同意，不构成侵权

C. 甲是照片的合作作者，乙发表照片应向其支付报酬

D. 乙是照片的著作权人，出版发行该照片是合法行使著作权的行为

6. 王某年幼时父母离婚，后随母邓某生活，当其年满18周岁时，征得其母邓某的同意，到户籍登记机关改随母姓。其父得知后，非常愤怒，威胁王某将母姓改回原来的父姓。其父的行为侵犯了王某的(　　)。

A. 名称权　　B. 自由权

C. 姓名权　　D. 身份权

7. 甲、乙二人素有仇怨，一日，甲以乙的名义给乙远在外地的父亲发了一封信，称乙因车祸住院，现已残疾。乙父看到信后，万分焦急。低价卖掉家中的财物，千里迢迢赶来。发现儿子安然无恙。下列关于甲的行为的定性，正确的是(　　)。

A. 只是开玩笑，不构成侵权　　B. 侵犯了乙的亲权

C. 侵犯了乙的姓名权　　D. 侵犯了乙父的财产权

8. 甲为了不让乙当上先进工作者，在单位布置评选工作后，到处散布谣言，说乙生活作风有问题，从而使乙在评选先进工作者时受到影响，乙因受刺激生病住院，在本案中，甲侵犯了乙的(　　)。

A. 荣誉权　　B. 隐私权

C. 名誉权　　D. 健康权

9. 某报社在新闻报道中披露未成年人甲是乙的私生子，致使甲备受同学的嘲讽和奚落，甲因精神痛苦，自残无名指，给甲的学习和生活造成了重大影响。按照我国现行法律的规定，该报社的行为属于(　　)。

A. 如实报告，不构成侵权　　B. 侵犯了甲的名誉权

C. 侵犯了甲的姓名权　　D. 侵犯了甲的身体权

10. 关于隐私权的性质，下列说法错误的是(　　)。

A. 是我国法律明确规定的一种特别人格权

B. 我国法律对之并无明文规定，仅在学理上存在，暂不受保护

C. 隐私权的客体与自然人个人信息权的客体不同

D. 以书面或口头形式宣扬他人隐私，应承担民事责任

11. 某媒体未征得艾滋病孤儿小兰的同意，发表了一篇关于小兰的报道，

将其真实姓名、照片和患病经历公之于众。报道发表后，隐去真实身份开始正常生活的小兰再次受到歧视和排斥。下列正确的是(　　)。

A. 该媒体的行为不构成侵权

B. 该媒体侵犯了小兰的健康权

C. 该媒体侵犯了小兰的姓名权

D. 该媒体侵犯了小兰的隐私权

12. 某医院将该院近一年治愈的性病病人名单刊登在报纸上，以证明医院的医疗水平。该医院的行为构成(　　)。

A. 侵害了患者的名誉权

B. 侵害了患者的就医权

C. 侵害了患者的隐私权

D. 真实报道，不构成侵权

13. 在下列情形中，属于侵犯自然人肖像权的是(　　)。

A. 为了寻找失散的亲友而在寻人启事中使用失踪人的照片

B. 为追捕逃犯而在通缉令上使用逃犯的照片

C. 为新闻报道需要而使用新闻事件涉及人员的照片

D. 未经本人同意将获得福利彩票特等奖的获奖者照片用于广告宣传

14. 甲为某晚报社记者，一日在拍摄街景时偶遇几位时尚少女，迅速按下快门，并将该照片作为其采写的新闻报道《新城新人》的配图在报纸上发表。下列说法中正确的是(　　)。

A. 甲未经少女们的同意，擅自拍摄其照片，侵犯了她们的肖像权

B. 甲擅自拍摄照片的行为不构成侵犯肖像权，但在报纸上发表这些照片侵犯了她们的肖像权

C. 甲虽未经少女们的同意，擅自拍摄其照片，但不是以营利为目的，故不构成侵犯肖像权

D. 甲虽未经少女们的同意，擅自拍摄其照片，并在报纸发表，但没有丑化少女们的形象，而是进行正面宣传，故不构成侵犯肖像权

15. 某市国土局一名前局长、两名前副局长和一名普通干部因贪污先后被判刑。薛某在当地晚报上发表一篇报道，题为“市国土局成了贪污局”，内容为上述四人已被法院查明的主要犯罪事实。该国土局、一名未涉案的副局长、被判缓刑的前局长均以自己名誉权被侵害为由起诉薛某，要求赔偿精神损害。下列说法正确的是(　　)。

A. 三原告的诉讼主张均能够成立

B. 国土局的诉讼主张成立，副局长及前局长的诉讼主张不能成立

C. 国土局及副局长的诉讼主张成立，前局长的诉讼主张不能成立

D. 三原告的诉讼主张均不能成立

16. 下列权利属自然人专有的是(　　)。

A. 姓名权　　B. 名誉权

C. 荣誉权　　D. 商标权

17. 陈某夫妇在女儿陈萌周岁生日时到红星照相馆为女儿拍照纪念，摄影师刘某翻拍了陈萌的底片，后将其卖给个体户张某。张某又将该底片卖给兰星香皂厂做婴儿香皂广告之用。在本案中，侵害陈萌的肖像权的是(　　)。

A. 刘某和张某，不包括兰星香皂厂

B. 张某和兰星香皂厂，不包括刘某

C. 刘某和兰星香皂厂，不包括张某

D. 刘某、张某和兰星香皂厂

18. 赵某系全国知名演员，张某经整容后外形酷似赵某，此后多次参加营利性模仿秀表演，并拍摄了一些商业广告。下列选项正确的是(　　)。

A. 张某故意整容成赵某外形的行为侵害了赵某的肖像权

B. 张某整容后参加营利性模仿秀表演侵害了赵某的肖像权

C. 张某整容后承接并拍摄商业广告的行为侵害了赵某的名誉权

D. 张某的行为不构成对赵某人格权的侵害

19. 朴某系知名美容专家。某医院未经朴某同意，将其作为医院美容专家在医院网站上使用了朴某照片和简介，且将朴某的名字和简介错误地安排在了其他专家的照片旁。下列说法正确的是(　　)。

A. 医院未侵犯朴某的姓名权

B. 医院未侵犯朴某的肖像权

C. 医院侵犯了朴某的肖像权和姓名权

D. 医院侵犯了朴某的荣誉权

20. 甲用其拾得的乙的身份证在丙银行办理了信用卡，并恶意透支，致使乙的姓名被列入银行不良信用记录名单。经查，丙银行在办理发放信用卡之前，曾通过甲在该行留下的乙的电话（实为甲的电话）核实乙是否申请办理了信用卡。根据我国现行法律规定，下列表述正确的是(　　)。

A. 甲侵犯了乙的姓名权

B. 甲侵犯了乙的名誉权

C. 甲侵犯了乙的信用权

D. 丙银行不应承担责任

二、多项选择题

1. 我国民法对人身权保护的常用方法有(　　)。

A. 赔礼道歉　　B. 恢复名誉

C. 赔偿损失　　D. 罚款

2. 下列各项中，属于人身权的有(　　)。

A. 亲权　　B. 名誉权

C. 著作权　　D. 贞操权

3. 人身权的权能包括(　　)。

A. 排他性支配权　　B. 利用权

C. 有限转让权　　D. 人身利益处分权

4. 下列各项中，属于人格权的有(　　)。

A. 名誉权　　B. 人身自由权

C. 名称权　　D. 隐私权

5. 根据《民法总则》的规定，(　　)享有名称权。

A. 法人　　B. 自然人

C. 个体工商户　　D. 合伙企业

6. 下列行为中，属于侵犯他人姓名权的有(　　)。

A. 盗用他人的姓名　　B. 不准他人改姓换名

C. 和他人同姓同名　　D. 父母给未成年子女取名

7. 下列说法中，错误的有(　　)。

A. 自然人在进行民事活动时，应当使用自己的本名，其笔名和网名不具有法律效力

B. 残疾人由于生理缺陷，其人格权受到相应限制

C. 侵害名誉权的侵权对象必须具有特定性，不指名道姓，不构成侵权

D. 任何法人都享有名称权，可以依法使用和转让自己的名称

8. 甲的下列行为中，(　　)属于侵犯了乙的名誉权。

A. 甲在公开场合批评乙的错误

B. 甲在公开场合揭发乙的隐私

C. 甲写信辱骂乙

D. 甲向有关机关揭发乙的不正之风

9. 下列情况不属于侵犯自然人的肖像权的有(　　)。

A. 为追捕逃犯而在通缉令上使用其照片

B. 为了寻找失踪人而在寻人启事上使用其照片

C. 新闻报道中合理使用领导人肖像

D. 为宣传植树活动而使用植树者的肖像

10. 王某长得楚楚动人，画家张某请其做人体模特以便练习人体写生，但未告知将编入画册出版。后王某的裸体画像结集出版，王某的亲友、熟人也纷纷对其指指点点，为此王某非常痛苦，在此案中，张某侵犯了王某的(　　)。

A. 肖像权　　　　B. 隐私权

C. 名誉权　　　　D. 身体权

11. 某影楼与甲约定："影楼为甲免费拍写真集，甲允许影楼使用其中一张照片作为影楼的橱窗广告。"后甲发现自己的照片被用在一种性药品广告上。经查，制药公司是从该影楼花 500 元买到该照片的。下列说法正确的有(　　)。

A. 某影楼侵害了甲的肖像权

B. 某影楼享有甲写真照片的版权

C. 某影楼的行为构成违约

D. 制药公司的行为侵害了甲的隐私权

12. 自然人死亡后，民事权利能力消灭，但仍受保护的利益包括(　　)。

A. 名誉不被贬低、侮辱

B. 作品的署名不被篡改

C. 生命健康不受侵害

D. 财产所有不受侵害

13. 下列各项中可以认定为侵害自然人和法人名誉权的有(　　)。

A. 以书面、口头等形式宣扬他人的隐私

B. 捏造事实公然丑化他人人格

C. 用侮辱、诽谤等方式损害他人名誉，造成一定影响的

D. 以书面、口头等形式诋毁、诽谤法人名誉，给法人造成损害的

14. 张成年过三十未婚，暗恋同事王芳。一日，张成在王芳门外拾得一本相册，发现正是王芳的影集，如获至宝，将其照片悬挂于室内鉴赏，并利

用电脑合成技术，将自己的照片与王芳的照片合成在一起，制作成画册，题名为“爱的宣言”，向朋友炫耀。下列关于张成的行为的表述中，错误的有(　　)。

A. 侵犯了王芳的财产所有权　　B. 侵犯了王芳的肖像权

C. 侵犯了王芳的名誉权　　D. 侵犯了王芳的隐私权

15. 某医院在一次优生优育的图片展览中，展出了某性病患者的照片，并在说明中用推断性的语言表述该患者系性生活不检点所致。虽然患者眼部被遮，也未署名，但有些观众仍能辨认出该患者是谁。患者得知这一情况后精神压力过大，悬梁自尽。为此患者亲属向法院提起诉讼，状告医院。在本案中，医院这一行为侵害了患者的权利包括(　　)。

A. 生命权　　B. 肖像权

C. 名誉权　　D. 隐私权

16. 除了有权使用自己的名称外，还可以依法转让自己名称的组织有(　　)。

A. 个体工商户　　B. 合伙企业

C. 企业法人　　D. 机关、事业单位法人

三、简答题

1. 简述人身权的法律特征。
2. 简述法人的人格权。
3. 简述姓名权与名称权的区别。
4. 简述名誉权与隐私权的区别。

四、论述题

1. 论人身权保护的意义。
2. 论一般人格权。

五、案例分析题

1. 甲与乙是同一单位职工，原来两人关系很好，许多人认为两人在谈恋爱。后来，甲向乙求婚，被拒绝。甲便怀恨在心，蓄意戏弄乙，在报纸上冒名刊登一则征婚广告称：乙，女，27 岁，面貌较好，素质优良，品德端正。愿觅一位 30 ~ 35 岁的男性为友。有意者请联系。随后，乙连续接到求爱信数十

封，乙莫名其妙，不知何人所为。单位同事认为乙对爱情不专一，与多人谈恋爱，造成很坏的影响，乙也很痛苦，茶饭不思，精神恍惚。请结合上述事实回答：

甲侵犯了乙的何种权利？为什么？

2. 2014 年 6 月 26 日傍晚，某市晨报记者孙某外出采访归来，在市区广场目击两年轻人骑自行车撞倒了一位老人，这两位青年非但不赔礼道歉，反而出言不逊。旁边一位高中学生出于义愤，指责这两位青年不道德的行为，两位青年恼羞成怒，打伤这位高中生。孙某即用相机拍下了该场面。第二天在某晨报上著文并附照片，报道了此事。这两位青年看到报纸后，认为孙某拍摄并在报纸上登出他们的照片，侵犯了他们的肖像权，以此为由向人民法院起诉。请回答下列问题：

（1）两位青年的起诉有无法律依据？

（2）孙某的行为是否侵犯了两位青年的肖像权？为什么？

3. 甲租用新婚夫妇乙、丙一间空闲房间居住，甲出于对夫妻生活的好奇，在墙上凿一小孔，用摄像机摄下乙、丙夫妇二人的亲昵行为。甲的行为被发现后，妻子丙精神受到巨大打击，从此对夫妻生活失去兴趣。丈夫乙气愤至极，将甲告上法庭，诉请精神赔偿 5 万元。请回答下列问题：

（1）本案中，甲侵犯了乙、丙夫妇的什么权利？

（2）法院应如何处理？

4. 甲、乙两人系某高校硕士生，同住一寝室，合用一台电脑。甲向美国某大学申请留美奖学金，并将此事告知乙。美方向甲发出电子邮件，邀请甲赴美留学，并承诺提供 1.8 万美元的奖学金。此邮件寄来时恰巧甲不在，乙出于忌妒擅自拒绝了美方的邀请。数日后，甲发电子邮件向美方询问，美方告知甲曾拒绝美方邀请，故不再考虑。由此，甲、乙之间发生争执。请根据民法原理分析本案。

答案与解析

一、单项选择题

1. D　【解析】本题测试人身权的属性，人身权是专属性权利，一般情况下不能转让或放弃，也不能继承。但是，在法律另有规定的情况下，可以有例外。

比如，自然人的肖像权可以依法转让，法人的名称权可以依法转让等。故正确答案为 D。

2. C　【解析】人身权以特定精神利益为内容，不直接体现为财产利益，但在一定条件下与财产权益具有一定联系。比如，侵犯人身权应当赔偿损失或支付精神抚慰金。人身权是绝对权，权利主体是特定的，义务主体是不特定的。故正确答案为 C。

3. A　【解析】姓名权只能由自然人享有，而且属于人格权。法人只能享有名称权。故正确答案为 A。

4. C　【解析】本题考查的是肖像权侵权的认定。根据我国民法的有关规定，自然人享有肖像权。未经自然人同意，利用其肖像做广告、商标或装饰橱窗等，应认定侵犯自然人的肖像权。故正确答案为 C。

5. A　【解析】本题考查的是侵犯隐私权的认定。人体模特甲对于照片享有隐私权。虽然乙对于照片享有著作权，但是，著作权的行使必须尊重和保护甲的隐私权。乙发表作品需要征得甲的明示同意。甲作为模特仅是创作的辅助人员，而不是照片的合作作者，也不享有著作权。故正确答案为 A。

6. C　【解析】本题考查的是自然人的姓名权及侵权的认定。根据我国民法的有关规定，自然人享有姓名权，可以决定并改变自己的姓名。在实践中，自然人的命名权一般由其监护人代为行使，但是，在自然人成年后，享有变更姓名的权利。所以，王某父亲的行为侵犯了王某的姓名变更权。故正确答案为 C。

7. C　【解析】本题考查的是侵犯姓名权的认定。根据民法有关规定，盗用假冒他人姓名的，应认定侵犯姓名权。至于乙父低价卖掉财物的损失，可以作为侵犯姓名权的间接后果。故正确答案为 C。

8. C　【解析】本题考查的是名誉权和荣誉权、隐私权和健康权的关系。在本题中，甲散布谣言，贬低一个人的社会评价，属于侵犯名誉权。至于其生病住院可以作为侵犯名誉权所引起的间接后果。故正确答案为 C。

9. B　【解析】在本题中，报社的行为既侵犯了甲的隐私权，又侵害了甲的名誉权。甲自残无名指是侵害名誉权和隐私权的间接后果。故正确答案为 B。

10. B　【解析】隐私权是我国法律明确规定的一种特别人格权，故 B 项是错误的。另外个人信息权与隐私权的客体有重合，但并不完全相同。本题为选非题，故正确答案为 B。

11. D　【解析】只有干涉他人姓名的使用，或盗用、假冒他人姓名的行为，才构成侵犯姓名权。擅自披露他人不欲披露的真实姓名，属于侵犯他人隐私，故

C 项错误。自然人的所患疾病，尤其是艾滋病属于当事人不愿公开的信息，媒体擅自将该信息公开，属于侵犯隐私权的行为。故正确答案为 D。

12. C 【解析】本题中，医院的行为主要侵害了患者的隐私权，因为患病信息，尤其是患性病属于自然人不愿公开的信息。但侵害隐私权的结果也导致了当事人社会评价的降低。也就是说，医院的行为直接侵害了患者的隐私权，名誉受损只是侵犯隐私权的间接结果。在单项选择题中，按照最优原则，应当选择 C 项。故正确答案为 C。

13. D 【解析】根据我国民法的有关规定，侵害肖像权需具备以营利为目的的主观要件，虽然福利彩票最终的目的是用于公益事业，但发行彩票本身的行为是以营利为目的的，故符合侵害肖像权的构成要件。其他几种情形都不符合“以营利为目的”的条件。故正确答案为 D。

14. C 【解析】一般情况下，构成侵犯肖像权必须同时具备以下两个构成要件：一是未经本人同意，二是以营利为目进行使用，两者缺一不可。在未经肖像权人同意的情况下，如果不以营利为目的，但造成了严重不良后果的，应构成侵犯肖像权。据此，本题中甲是用作新闻报道，无营利目的，并以积极的姿态报道，未造成不良后果，所以不构成侵权。故正确答案为 C。

15. D 【解析】《最高人民法院关于确定民事侵权精神损害赔偿责任若干问题的解释》第 5 条规定，法人或者其他组织以人格权利遭受侵害为由向人民法院起诉请求赔偿精神损害的，人民法院不予受理。因此本题中国土局的诉讼主张不能成立。第 8 条规定，因侵权致人精神损害，但未造成严重后果，受害人请求赔偿精神损害的，一般不予支持。因此副局长及前局长的诉讼主张也不能成立。故正确答案为 D。

16. A 【解析】自然人、法人及非法人组织均可以享有名誉权、荣誉权。自然人享有姓名权，而法人及非法人组织享有名称权。故正确答案为 A。

17. D 【解析】本题考核侵犯肖像权的构成条件。刘某和张某都从中获利，毫无疑问构成以营利为目的。香皂厂将照片用于广告，也是以营利为目的，因此均构成侵犯肖像权。故正确答案为 D。

18. D 【解析】张某参加了营利性模仿秀并接拍商业广告，但是毕竟其使用的不是赵某本人的肖像，而是使用自己的肖像，因此张某的行为并未侵犯赵某的肖像权。张某整容后承接并拍摄商业广告的行为并没有使赵某社会评价降低，也没有侵犯其名誉权。故正确答案为 D。

19. C 【解析】某医院盗用了朴某的名字，属于对朴某姓名权的侵犯。因此，A 项错误。某医院以营利为目的，擅自用朴某的肖像在网站上为自己做宣传的行为侵犯了朴某的肖像权。因此，B项错误。综合对A、B两项的解释可知，某医院既侵犯了朴某的姓名权，也侵犯了朴某的肖像权。因此，C项正确。本题中，某医院并没有对朴某的荣誉称号进行非法剥夺等行为，不构成对朴某荣誉权的侵犯。因此，D项错误。故正确答案为C。

20. A 【解析】冒用他人姓名是典型的侵犯姓名权的行为，因此A项正确。名誉权的侵犯必须造成被侵权人社会评价降低，本题中没有这种情形，因此B项错误；C项的信用权法律没有明确规定；银行在办理信用卡过程中显然存在过失，应该承担相应的责任。故正确答案为A。

二、多项选择题

1. ABC 【解析】我国民法对人身权保护的常用方法主要有赔礼道歉、恢复名誉和赔偿损失，罚款属于行政处罚。故正确答案为ABC。

2. ABD 【解析】亲权、名誉权和贞操权都是人身权，而著作权属于知识产权。故正确答案为ABD。

3. ABCD 【解析】本题考核人身权的权能。人身权的权能包括排他性支配权、利用和收益权、有限转让权和事实处分权。故正确答案为ABCD。

4. ABCD 【解析】根据《民法总则》第109条的规定，自然人的人身自由、人格尊严受法律保护。第110条规定，自然人享有生命权、身体权、健康权、姓名权、肖像权、名誉权、荣誉权、隐私权、婚姻自主权等权利。法人、非法人组织享有名称权、名誉权、荣誉权等权利。故正确答案为ABCD。

5. ACD 【解析】根据《民法总则》第110条第2款的规定，法人、非法人组织享有名称权、名誉权、荣誉权等权利。故正确答案为ACD。

6. AB 【解析】根据我国民法有关规定，盗用他人姓名和干涉他人变更姓名是侵犯姓名权的行为，和他人同名同姓，如果没有恶意，则不构成侵权。父母有给未成年子女取名的权利。故正确答案为AB。

7. ABCD 【解析】当事人在从事民事活动时，使用笔名或网名，如能确定当事人的身份，与本名具有同等的法律效力。残疾人的人格权不受任何限制。侵犯名誉权的侵权对象虽不十分明确，但如果侵权人的映射和暗示比较明确，也照样能构成侵犯名誉权。法人虽都享有名称权，但机关法人和事业单位法人不得转让名称权。本题为选非题，故正确答案为ABCD。

8. BC 【解析】对他人展开合理的公开批评和向有关机关揭发不正之风是公民所享有的合法权利，不构成侵权。故正确答案为BC。

9. ABCD 【解析】肖像的一些合理使用行为并不构成对肖像权的侵害。这些合理使用行为包括：在新闻报道中合理使用相关人物的肖像；为执行公务或为社会公益而举办特定活动使用他人肖像；为记载或者宣传特定公众的活动而使用参与者的肖像；为肖像权人自身利益而使用其肖像；基于科研和教育的需要在一定范围内使用他人肖像。本题中A、B、C、D四项中的使用肖像行为均属于合理使用。本题为选非题，故正确答案为ABCD。

10. ABC 【解析】本案中的张某无疑侵害了王某的肖像权，同时，裸体属于个人隐私，构成对隐私权的侵害。至于是否侵害名誉权，结合中国的国情和社会环境，的确会造成当事人社会评价的降低，故构成侵害名誉权。身体权是自然人维持身体完整的权利，故张某的行为没有侵犯身体权。故正确答案为ABC。

11. ABC 【解析】自然人肖像权包括肖像制作决定权和使用权。未经肖像权人同意，任何人不得以营利为目的使用其肖像。影楼未经甲同意，擅自将其照片卖给药商做广告，显然侵害了甲的肖像权。影楼是肖像的制作者，享有著作权。同时，影楼与甲订有加工承揽合同，擅自出卖照片构成违约行为。一般来说，普通写真照片不属于隐私，故制药公司不构成侵犯隐私权。故正确答案为ABC。

12. AB 【解析】自然人死亡后，其某些利益仍受法律的保护，如死者的名誉、隐私、荣誉、遗体、遗骨等。这些利益主要表现为人格利益。对死者的利益进行保护的性质问题，理论界有争议，通说认为之所以对这些利益予以保护是出于维护社会公共秩序或者保护死者家属的利益的需要。但是，自然人死亡后，其生命健康不复存在，其财产从死亡时成为遗产，由其继承人享有所有权。故正确答案为AB。

13. BCD 【解析】鉴于《民法总则》和《侵权责任法》已经将隐私权明确规定为一种特别人格权，故以书面、口头等形式宣扬他人的隐私的行为属于侵害他人隐私权。故A项错误，B、C、D三项均属于侵害名誉权的行为。故正确答案为BCD。

14. BCD 【解析】根据《民法总则》和《物权法》的规定，拾得遗失物应当返还给遗失人。在本题中，张成拾得王芳的相册后，明知失主是谁，而拒不归还，已经具有非法占有的意图，应当认定为侵害所有权的行为。故A项正确。张成的行为不是以营利为目的，因此不属于侵犯肖像权的行为。普通照片不属于隐私，因此不属于侵犯隐私权。至于是否侵害了王芳的名誉权，本书认为，侵害名誉权是通过侮辱、诽谤或其他方式降低被害人社会评价的行为。张成将王芳的照片和自己的照片合成起来并公开炫耀，并不会降低王芳的社会评价，也没有造成恶劣的社会影响，故不构成侵害名誉权。故正确答案为BCD。

15. CD 【解析】"在说明中用推断性的语言表述该患者系性生活不检点所

致”属于侵犯名誉权的行为，故 C 项正确；自然人的患病（尤其是性病）信息属于个人隐私，他人不能随意泄露，因此，医院将该照片展览属于侵犯隐私权的行为，故 D 项正确。由于医院的行为不以营利为目的，故不属于侵犯肖像权的行为。另外患者是自杀身亡，很难将医院的行为确定为患者的死亡原因，因此，不能认定侵犯了生命权，而只能属于侵犯名誉权的加重情节。故正确答案为 CD。

16. ABC 【解析】根据《民法通则》第 99 条规定，企业法人、个体工商户、个人合伙有权使用、依法转让自己的名称。故正确答案为 ABC。

17. CD 【解析】侵犯姓名权的行为包括干涉、盗用、假冒等。本题中，不存在这些情形，因此，网民的行为并没有侵犯张某的姓名权，A 项错误。《民法通则》第 100 条规定，侵害肖像权必须以营利为目的，网民并没有营利的目的，因此，不构成对张某肖像权的侵害，B 项错误。网民收集和公开张某的私人信息，构成对张某隐私权的侵害，C 项正确。网民在网站上捏造张某曾与某明星有染的情节，属于捏造事实公然丑化他人人格的行为，构成对张某名誉权的侵害，D 项正确。故正确答案为 CD。

18. CD 【解析】名称权是法人所享有的，李某是自然人，并没有名称权。张某的行为并没有真实地将李某的私人生活或者个人隐私告知他人，因此，不能算是侵犯隐私权。张某的行为使李某在单位的评价降低，并且未经李某的同意冒用李某的姓名，因此，侵害了李某的名誉权与姓名权。故正确答案为 CD。

三、简答题（略）

四、论述题（略）

五、案例分析题

1. 【答案要点】

本案甲的行为侵犯了乙的姓名权和名誉权。因为甲行为的直接指向是乙的姓名权，是假冒乙的姓名刊登征婚广告，这种盗用乙姓名的行为是对乙的姓名权的侵害。同时，该案也涉及乙的名誉权，甲的行为从结果上造成了乙的名誉受损。

2. 【答案要点】

（1）两位青年的起诉没有法律依据。

（2）孙某的行为没有侵犯两位青年的肖像权。这是因为孙某拍摄的照片，是以真实记录的方式再现违法行为，这是记者的职责所要求的，是对社会正义的支持和维护；记者拍摄并刊登这一照片，并非以营利为目的，而是运用社会舆论进行的正常社会监督行为，是一种合理的使用肖像权的行为，所以不构成对他人肖像权的侵犯。

3. 【答案要点】

（1）本案中，甲侵犯了乙、丙夫妇的隐私权。甲租用乙、丙的房屋，并通过在墙壁上凿洞的方式窥探并摄录了乙、丙两人的私人生活，甲的这种过错行为对乙、丙造成了很大的损害，是一种侵犯乙、丙隐私权的行为。

（2）法院应当支持乙的诉讼请求。隐私权受到侵害的自然人可以要求加害者停止侵害、恢复名誉、消除影响、赔礼道歉、赔偿损失，其中包括精神损害赔偿。所以乙要求甲赔偿精神损失，法院应该予以支持。对于赔偿的具体数额，法官可以根据实际的情况进行自由裁量。

4. 【答案要点】

根据本案的案情，被告乙冒用甲的姓名向美国某大学发出电子邮件，既构成假冒他人姓名，也构成盗用他人姓名。不管甲以后能否拿到这笔奖学金，都不妨碍被告的行为已构成对原告甲的姓名权的侵害。

乙的行为不仅侵害了甲的姓名权，而且侵害了甲的债权。因为甲与美国某大学的合同关系已经成立，甲享有合法的债权。因为甲请求该校为其提供奖学金的行为，实际上向该校发出一项有效的要约，而该校在审查其资格后，同意为其提供1.8万美元的奖学金，显然是向甲做出了承诺。因此双方已达成了协议，应受法律保护。乙冒充甲的名义表示拒绝接受奖学金，已针对甲的债权实施了侵害行为。这类行为在理论上属于第三人侵害债权的行为。

至于这两种民事责任是责任竞合还是责任聚合问题。本书认为，从本案来看，应当产生责任聚合而不是责任竞合问题。侵害姓名权的行为直接侵害的是人格利益，它所产生的后果主要是精神损害以及某些财产利益的损害，所以被告主要承担赔礼道歉、支付精神抚慰金等民事责任。而侵害债权的行为直接导致的是受害人债权的损害，因而甲可基于侵害债权责任而要求乙予以赔偿。可见这两种责任的形式和内容是不同的，因而产生责任聚合问题。

第 28 章　侵权责任概述

一、单项选择题

1. 下列对侵权行为与债的关系的表述中，错误的是(　　)。

A. 大陆法系民法典将侵权行为作为债的发生根据之一

B. 我国《民法总则》将侵权行为作为债权产生的原因

C. 英美法系也将侵权行为作为债的发生根据之一

D. 英美法系没有债的概念，侵权行为法是独立的法律制度

2. 下列行为中，属于不作为侵权行为的是(　　)。

A. 诽谤他人名誉

B. 假冒他人姓名

C. 伤害他人健康

D. 在马路旁开挖坑道未设置明显警示标志致过路人损害

3. 下列行为中，不属于特殊侵权行为的是(　　)。

A. 履行职务致人损害　　B. 故意伤害致人损害

C. 地面施工致人损害　　D. 污染环境致人损害

二、多项选择题

1. 甲在某网站上传播其自拍的生活照，乙公司擅自下载这些生活照并配上文字说明后出版成书。丙书店购进该书销售。下列说法正确的是(　　)。

A. 乙公司侵犯了甲的发表权

B. 乙公司侵犯了甲的复制权

C. 乙公司侵犯了甲的肖像权

D. 丙书店应当承担侵权责任

2. 下列行为不属于侵权行为的有(　　)。

A. 合理限度内的正当防卫致人损害

B. 自助行为致人财产损害

C. 警察追捕罪犯时致罪犯损害

D. 交警将乱停放的汽车拉走

3. 下列各项中，适用过错推定责任的有(　　)。

A. 医生在手术中将手术器材遗留在患者腹中

B. 游客到动物园游览，购买适当的饲料给狗熊喂食被咬伤

C. 李奶奶从超市买完东西出门时，堆在门口的货物滑落将其砸伤

D. 5 岁的小乐在幼儿园滑滑梯时，从滑梯上滚下骨折

4. 2008 年，男明星陈某与其多位明星女友的“艳照”连续在网上被贴出，并在网上迅速传播。“艳照门”事件一时间成为人们热议的话题。根据我国侵权责任法的规定，下列选项正确的有(　　)。

A. “艳照”曝光的始作俑者与网站承担共同侵权责任

B. 陈某有权通知网站删除、屏蔽这些照片

C. 如果网站接到陈某通知后未及时采取必要措施，应承担全部赔偿责任

D. 如果网站接到陈某通知后未及时采取必要措施，应就损失扩大部分与始作俑者承担连带赔偿责任

5. 根据侵权行为人的人数，侵权行为可以分为(　　)。

A. 单独侵权行为　　B. 一般侵权行为

C. 共同侵权行为　　D. 特殊侵权行为

6. 根据侵权行为的形态，侵权行为可以分为(　　)。

A. 特殊侵权行为　　B. 作为的侵权行为

C. 一般侵权行为　　D. 不作为的侵权行为

7. 侵权行为的对象包括(　　)。

A. 生命权　　B. 物权

C. 知识产权　　D. 身体权

三、简答题

简述侵权行为的概念和特征。

四、论述题

论侵权行为的分类。

答案与解析

一、单项选择题

1. C　**【解析】**英美法系没有债的概念，也没有民法这个法律部门，属于民法范畴的法律有财产法、合同法和侵权法。其侵权法是独立的。本题为选非题，

故正确答案为 C。

2. D 【解析】不作为是侵权行为中比较少见的类型，是行为人没有做法律要求必须做的事情。故正确答案为 D。

3. B 【解析】从侵权法的原理上讲，侵权行为分为一般侵权和特殊侵权。结合《侵权责任法》的相关规定，特殊侵权主要包括两个方面：一是特殊的侵权主体，如网络侵权、职务侵权等；二是归责原则适用严格责任原则或过错推定责任。B 属于一般侵权。故正确答案为 B。

二、多项选择题

1. BCD 【解析】乙公司侵犯了甲的复制权和肖像权，其中，复制权属于知识产权，肖像权属于人格权。丙书店购进并销售侵权书籍虽未直接侵权，但也间接侵害了甲的权益，故应承担侵权责任。故正确答案为 BCD。

2. ABCD 【解析】正当防卫、自助行为和公务人员合法执行职务的行为不属于侵权行为。本题为选非题，故正确答案为 ABCD。

3. BCD 【解析】医疗事故适用过错责任；动物园动物致人损害、堆放物倒塌致人损害、无民事行为能力人在幼儿园、学校或者其他教育机构学习、生活期间受到人身损害的，采用的是过错推定责任。故正确答案为 BCD。

4. ABD 【解析】本题属于侵犯他人隐私权的事件。艳照被广泛且持续传播，说明网站属于明知而为，因此应与始作俑者构成共同侵权，应承担连带责任。故正确答案为 ABD。

5. AC 【解析】根据侵权行为人的人数，侵权行为可以分为单独侵权和共同侵权。故正确答案为 AC。

6. BD 【解析】根据侵权行为的形态，侵权行为可以分为作为和不作为。故正确答案为 BD。

7. ABCD 【解析】参见《侵权责任法》第 2 条的规定。

三、简答题（略）

四、论述题（略）

第 29 章　侵权行为的归责原则

一、单项选择题

1. 甲在某酒店就餐，邻座乙、丙因喝酒发生争吵，继而动手打斗，酒店保安见状未出面制止。乙拿起酒瓶向丙砸去，丙躲闪，结果甲头部被砸伤。甲的医疗费应当(　　)。

A. 由乙承担，酒店无责任

B. 由酒店承担，但酒店可向乙追偿

C. 由乙承担，酒店承担补充赔偿责任

D. 由乙和酒店承担连带赔偿责任

2. 小女孩甲（8 周岁）与小男孩乙（12 周岁）放学后常结伴回家。一日，甲对乙讲：“听说我们回家途中的王家昨日买了一条狗，我们能否绕道回家?”乙答：“不要怕！被狗咬了我负责。”后甲和乙路经王家同时被狗咬伤住院。对于该案赔偿责任应如何承担的描述，下列说法正确的是(　　)。

A. 甲和乙明知有恶犬而不绕道，应自行承担责任

B. 乙自行承担责任，乙的家长和王家共同赔偿甲的损失

C. 王家承担全部赔偿责任

D. 甲、乙和王家均有过错，共同分担责任

3. 过错推定责任本质上属于(　　)。

A. 无过错责任原则　　B. 过错责任原则

C. 公平原则　　D. 结果责任原则

二、多项选择题

1. 李某患有癫痫病。一日李某骑车行走时突然犯病，将一在路边玩耍的 6 岁儿童撞伤，花费医疗费 200 元。对于此案责任的承担，下列说法正确的有(　　)。

A. 李某致害，应当赔偿全部损失

B. 双方都无过错，应分担责任

C. 儿童家长未尽到监护责任，应由其承担损失

D. 应根据双方经济情况分担损失

2. 个体户甲因疲劳过度打瞌睡，把车开上了逆行道。对面驾车行驶的乙因紧急右拐躲避甲而碰到了正在右侧骑车的丙。丙治伤半个月没上班，要求赔偿。此案应(　　)。

A. 由乙赔偿　　B. 由甲赔偿

C. 赔偿丙的医疗费　　D. 赔偿丙的半月误工工资

3. 甲、乙、丙按不同的比例共有一套房屋，约定轮流使用。在甲居住期间，房屋瓷砖脱落砸伤行人丁。下列选项正确的有(　　)。

A. 甲、乙、丙如不能证明自己没有过错，应对丁承担连带赔偿责任

B. 丁有权请求甲承担侵权责任

C. 如甲承担了侵权责任，则乙、丙应按各自份额分担损失

D. 本案应适用过错推定责任原则

三、简答题

简述过错责任、过错推定、无过错责任、公平责任的不同。

答案与解析

一、单项选择题

1. C　【解析】根据《侵权责任法》第37条第2款的规定，因第三人的行为造成他人损害的，由第三人承担侵权责任；管理人或者组织者未尽到安全保障义务的，承担相应的补充责任。故正确答案为C。

2. C　【解析】根据《侵权责任法》第78条的规定，饲养的动物造成他人损害的，动物饲养人或者管理人应当承担侵权责任，但能够证明损害是因被侵权人故意或者重大过失造成的，可以不承担或者减轻责任。故正确答案为C。

3. B　【解析】过错推定是过错责任适用的一种特殊情况，是在过错责任的基础上实行举证责任的倒置。故正确答案为B。

二、多项选择题

1. BD　【解析】本题考查侵权行为的免责事由及公平责任的运用。依据《侵

权责任法》第33条规定，完全民事行为能力人对自己的行为暂时没有意识或者失去控制造成他人损害有过错的，应当承担侵权责任；没有过错的，根据行为人的经济状况对受害人适当补偿。故正确答案为BD。

2. BCD 【解析】根据《侵权责任法》第31条的规定，《侵权责任法》第16条规定，侵害他人造成人身损害的，应当赔偿医疗费、护理费、交通费等为治疗和康复支出的合理费用，以及因误工减少的收入。故正确答案为BCD。

3. ABCD 【解析】依据《侵权责任法》第85条的规定，建筑物、构筑物或者其他设施及其搁置物、悬挂物发生脱落、坠落造成他人损害，所有人、管理人或者使用人不能证明自己没有过错的，应当承担侵权责任。所有人、管理人或者使用人赔偿后，有其他责任人的，有权向其他责任人追偿。另外，《物权法》第102条规定，因共有的不动产或者动产产生的债权债务，在对外关系上，共有人享有连带债权、承担连带债务，但法律另有规定或者第三人知道共有人不具有连带债权债务关系的除外；在共有人内部关系上，除共有人另有约定外，按份共有人按照份额享有债权、承担债务，共同共有人共同享有债权、承担债务。偿还债务超过自己应当承担份额的按份共有人，有权向其他共有人追偿。故正确答案为ABCD。

三、简答题（略）

第 30 章　一般侵权行为的构成要件

一、单项选择题

1. 赵某在公共汽车上因不慎跌倒而与售票员发生口角，售票员在赵某下车之后指着他大喊：“抓小偷！”赵某因此被车外不明真相的数名行人扑倒在地致伤。对此，应由(　　)承担责任。

A. 售票员　　B. 公交公司

C. 售票员和动手的行人　　D. 公交公司和动手的行人

2. 2010 年春季，广州某公园举办宠物展。张明（19 周岁）约女友王梅（18 周岁）去参观，二人进入公园大门时未注意“严禁触摸展览的宠物”的告示。在一层台前，王梅对张明说道：“把那只迷你小狗抱过来让我看看。”张明随即去抱小狗，由于用力过猛将小狗掐死。张明一害怕，起身时将身后周某所拿的宠物玩具打碎。现查明：小狗为李军所有，价值 1000 元；宠物玩具价值 100 元。对于本案所造成的损失，下列表述中正确的是(　　)。

A. 周某的损失由张明承担

B. 周某的损失由张明、王梅承担连带责任

C. 李军的损失由张明承担

D. 李军的损失由张明、王梅各承担一半

二、多项选择题

1. 张三承包的西瓜地与李四承包的麦地相邻。某日，李四在其麦地中喷洒除草剂。不巧当时正在刮风，张三的西瓜地正好处于下风向。张三遂向李四提出停止喷洒除草剂的要求，因为其除草剂经风吹后，会进入西瓜地，对正在生长的西瓜幼苗十分不利。李四未同意张三的要求。后果然造成张三的西瓜幼苗受害，造成损失 3000 余元。对此，在下列说法中，不正确的有(　　)。

A. 李四的行为并不构成侵害张三的财产权，因其纯系不可抗力所致

B. 李四的行为侵犯了张三的相邻权

C. 李四应当赔偿张三的损失

D. 张三的损失应由二人公平分担

2. 王某买票乘坐某运输公司的长途车，开车司机为钱某。长途车行驶中与朱某驾驶的车辆相撞，致王某受伤。经认定，朱某对交通事故负全部责任。下列说法中正确的有（　　）。

A. 王某可以向朱某请求侵权损害赔偿

B. 王某可以向运输公司请求违约损害赔偿

C. 王某可以向钱某请求侵权损害赔偿

D. 王某可以向运输公司请求侵权损害赔偿

三、简答题

简述一般侵权行为的构成要件。

答案与解析

一、单项选择题

1. A　**【解析】**赵某在安全下车后身体受到伤害，公交公司不应当承担违约责任。另外，售票员因个人私怨使得赵某身体受到伤害，并不是职务行为，应当由其自身承担侵权责任。另外，动手的行人无须承担责任。因主观上不存在过失，不符合侵权行为的构成要件。故正确答案为A。

2. A　**【解析】**对于周某的损失，张明承担完全的责任；而对于李军的损失，因为王梅存在指使的行为，根据《侵权责任法》第9条的规定，张明和王梅应承担连带责任。故正确答案为A。

二、多项选择题

1. ABD　**【解析】**由于张三已经事先告知，所以，不属于不可抗力；李四的行为属于普通侵犯财产权的行为，而非侵犯相邻权的行为，因此，应当由李四赔偿全部损失。本题为选非题，故正确答案为ABD。

2. AB　**【解析】**依《合同法》关于客运合同的规定，王某可以向运输公司要求违约赔偿。钱某作为司机，是履行职务行为，其行为应由运输公司负责。又因为朱某的行为构成了对于王某的人身侵权，王某也有权对朱某提起侵权之诉。故正确答案为AB。

三、简答题（略）

第31章 数人侵权行为

一、单项选择题

1. 张某与同事何某不合，在知悉何某最怕狗的情况下，张某遂唆使8岁的未成年人刘某在何某经过时放狗追逐撕咬何某。何某惊恐之下摔倒，致右臂骨折，对于何某的损失应(　　)。

A. 由张某单独赔偿

B. 由张某、刘某平均分担

C. 由张某和刘某的父母共同分担，但张某应负主要责任

D. 应由张某、刘某的父母与何某共同分担

2. 乙、丙、丁的共同侵权行为造成了甲6000元的财产损失。甲与乙、丙达成协议，乙、丙各向甲支付1500元后，甲不再向乙、丙追究责任。后乙、丙分别向甲赔付1500元。在此情况下，下列说法正确的是(　　)。

A. 甲仍有权就其余3000元损失向乙、丙、丁请求承担连带赔偿责任

B. 甲只能就其余的3000元损失向乙、丙、丁各主张1000元

C. 甲只能就其余的3000元损失向丁请求赔偿

D. 甲只能向丁请求赔偿其应付的2000元

3. 一小偷利用一楼住户甲违规安装的防盗网，进入二楼住户乙的室内，行窃过程中将乙打伤。下列说法正确的是(　　)。

A. 乙的人身损害应由小偷和甲承担连带责任

B. 乙的人身损害只能由小偷承担责任

C. 乙的人身损害应由甲和小偷根据过错大小，各自承担责任

D. 乙的人身损害应先由小偷承担责任，不足部分由甲承担

4. 一天夜晚，甲开车逆行迫使骑车人乙为躲避甲向右拐，跌入修路挖的坑里（负责修路的施工单位对该坑未设置保护措施），造成车毁人伤。对乙的损失，下列说法正确的是(　　)。

A. 只能由甲承担责任　　B. 只能由施工单位承担责任

C. 甲和施工单位各自承担责任　D. 甲和施工单位承担连带责任

5. 李某用100元从甲商场购买一只电热壶，使用时因漏电致李某手臂灼伤，花去医药费500元。经查该电热壶是乙厂生产的。下列表述正确的是(　　)。

A. 李某可直接起诉乙厂要求其赔偿500元损失

B. 根据合同相对性原理，李某只能要求甲商场赔偿500元损失

C. 如李某起诉甲商场，则甲商场的赔偿范围以100元为限

D. 李某只能要求甲商场更换电热壶，500元损失则只能要求乙厂承担

6. 甲晚10点30分酒后驾车回家，车速每小时80千米，该路段限速60千米/小时。为躲避乙逆向行驶的摩托车，将行人丙撞伤，丙因住院治疗花去10万元。关于丙的损害责任承担，下列说法正确的是(　　)。

A. 甲应承担全部责任　　B. 乙应承担全部责任

C. 甲、乙应承担按份责任　　D. 甲、乙应承担连带责任

二、多项选择题

1. 甲公司的游戏软件工程师刘某利用业余时间开发的“神龙演绎”游戏软件被乙公司非法复制，丙书店从无证书贩手中低价购进该盗版软件，丁公司从丙书店以正常价格购买该软件在其经营的游戏机上安装使用。下列说法正确的有(　　)。

A. 甲公司应当对刘某进行奖励

B. 丙书店应当承担赔偿损失等法律责任

C. 丁公司不承担赔偿责任

D. 乙公司、丙书店应当承担共同侵权的民事责任

2. 甲、乙是邻居，因故争吵，甲对儿女们说：“给我打!”甲的长子、次女二人在与乙互殴中，长子一拳打伤乙眼。乙花去医疗费500元，遂向法院起诉索赔。甲以自己并未动手拒赔，次女也以未打中乙眼为由拒赔。甲的子女均已成年并独立生活。对于500元医疗费，应由(　　)负担。

A. 甲　　B. 甲长子

C. 甲次女　　D. 乙

3. 甲请A搬家公司搬家，A公司派出B、C、D三人前往。在搬家过程中，B发现甲的掌上电脑遗落在一角，便偷偷藏入自己腰包；C与D在搬运甲最名贵的一盆兰花时不慎将其折断，为此甲与C、D二人争吵起来，争吵之时不知三人中是谁又将甲阳台上的另一盆鲜花碰下，砸伤路人E。B、C、D三人见事已至此便溜之大吉。对于此案，下面说法正确的有(　　)。

A. 甲可以要求 A 公司赔偿名贵兰花被折断造成的损失

B. 甲可以要求 A 公司承担没有履行搬运任务的违约责任

C. 路人 E 可以要求甲、C 以及 D 承担连带赔偿责任

D. 甲可以就丢失掌上电脑的损失要求 A 公司承担赔偿责任

三、简答题

1. 简述共同侵权行为的构成要件及法律后果。

2. 《侵权责任法》第 10 条规定：二人以上实施危及他人人身、财产安全的行为，其中一人或者数人的行为造成他人损害，能够确定具体侵权人的，由侵权人承担责任；不能确定具体侵权人的，行为人承担连带责任。分析该法条并举例说明。

答案与解析

一、单项选择题

1. C 【解析】《侵权责任法》第 9 条第 2 款规定，教唆、帮助无民事行为能力人、限制民事行为能力人实施侵权行为的，应当承担侵权责任；该无民事行为能力人、限制民事行为能力人的监护人未尽到监护责任的，应当承担相应的责任。故正确答案为 C。

2. A 【解析】根据《侵权责任法》第 8 条的规定，二人以上共同侵权造成他人损害的，应当承担连带责任。甲与乙、丙达成的协议不能改变侵权人的连带责任，乙、丙的赔付行为消灭了 6000 元责任中的 3000 元，但对于剩余的 3000 元仍由乙、丙、丁三人承担连带责任。故正确答案为 A。

3. B 【解析】在本题中，甲违规安装防盗网的行为与乙受到的人身伤害无法律上的因果关系，故甲不承担任何责任，乙的损失由小偷完全承担。故正确答案为 B。

4. C 【解析】本题考查道路施工致人损害的民事责任、共同侵权的构成条件。甲的行为和施工单位的行为都是致乙损害的原因，但由于缺乏主观上的意思联络，不是共同侵权，因此，各自承担相应的责任。故正确答案为 C。

5. A 【解析】本题考查产品责任。《侵权责任法》第 43 条规定："因产品存在缺陷造成损害的，被侵权人可以向产品的生产者请求赔偿，也可以向产品的销

售者请求赔偿。产品缺陷由生产者造成的，销售者赔偿后，有权向生产者追偿。因销售者的过错使产品存在缺陷的，生产者赔偿后，有权向销售者追偿。”据此A项正确，B、D两项错误。《侵权责任法》第20条规定：“侵害他人人身权益造成财产损失的，按照被侵权人因此受到的损失赔偿，被侵权人的损失难以确定，侵权人因此获得利益的，按照其获得的利益赔偿。”可见，应以被侵害人实际受到的损失赔偿，C项错误。故正确答案为A。

6. C 【解析】在本题中，甲的行为与乙的行为在主观上不存在意思联络，不构成共同侵权，根据《侵权责任法》第12条的规定，二人以上分别实施侵权行为造成同一损害，能够确定责任大小的，各自承担相应的责任；难以确定责任大小的，平均承担赔偿责任。甲和乙应当根据自己行为对损害结果的作用力大小及各自的过错程度分别承担按份责任。故正确答案为C。

二、多项选择题

1. BC 【解析】刘某利用业余时间创作的游戏作品不属于职务作品，由其自己享有著作权，甲公司无须对刘某进行奖励，乙公司和丙书店主观上无意思联络，不构成共同侵权行为。故正确答案为BC。

2. ABC 【解析】根据《侵权责任法》第8条、9条规定，二人以上共同实施侵权行为，造成他人损害的，应当承担连带责任。教唆、帮助他人实施侵权行为的，应当与行为人承担连带责任。在本题中，甲是教唆者，甲长子和次女是共同实施者，三人构成共同侵权，应承担连带责任。故正确答案为ABC。

3. ABC 【解析】本题考查违约责任、职务行为、共同危险行为。甲与A公司之间存在合同关系。因此，当A公司不履行义务时，当然有权要求其承担违约责任，故B项正确。B、C、D三人是A公司的职员，根据《侵权责任法》第34条的规定，用人单位的工作人员因执行工作任务造成他人损害的，由用人单位承担侵权责任。故A项正确。B的盗窃行为属于个人行为，非职务行为，因此，A公司不承担责任，故D项错误。因为不清楚是谁把花盆碰下，甲、C、D三人的行为构成共同危险行为，应当对路人E承担连带责任，故选项C正确。故正确答案为ABC。

三、简答题（略）

第 32 章 各类侵权责任

一、单项选择题

1. 某幼儿园一群幼儿围着火炉烤火，教师张某离园取东西。幼儿甲玩火点燃了幼儿乙的衣服，乙带火跑出教室，被人发现将火扑灭。经检查，乙被烧伤面积达 35%，住院治疗造成经济损失 1 万余元，这一损失应(　　)。

A. 由幼儿园承担，幼儿甲的监护人承担适当的补充责任

B. 由幼儿甲的监护人承担，张某承担适当的补充责任

C. 由幼儿甲的监护人承担，幼儿园承担适当的补充责任

D. 由张某和幼儿园共同承担

2. 陈某雇用姜某、程某为其建房。某日，姜某、程某砌砖时一砖掉落，将在附近玩耍的小孩砸伤，花去费用 6000 余元。小孩父母向陈某索赔，陈某声称损害是姜某、程某造成的，应由他两人负责。姜某、程某认为自己是陈某所雇，且小孩自己跑到工地玩耍，父母看管不严，故无论怎样也不是他们二人的责任。小孩父母诉至法院。下列有关此案的表述中，正确的是(　　)。

A. 由陈某承担责任，因陈某是雇主

B. 由姜某、程某承担责任，因损害是他们二人过错所致

C. 由小孩父母承担责任，因其疏于监护

D. 由陈某、姜某、程某负连带责任

3. 甲公司办公楼顶的广告牌，在风中突然倒塌，致一死四伤，根据我国法律的相关规定，该损失应由(　　)承担责任。

A. 甲公司

B. 广告牌的制作安装公司

C. 甲公司负责维修的工作人员

D. 伤者自负，甲公司给予适当补偿

4. 被告王军，作案时年满 16 周岁，某工厂工人，自己在外租房居住。某日将邻居张伟刺伤致死，受害方要求赔偿损失，对此案，下列人民法院做出处理中正确的是(　　)。

A. 由王军承担赔偿责任，因为其已经独立生活

B. 由王军的父母承担赔偿责任，因为王军属于限制行为能力人

C. 由王军承担赔偿责任，因为其被视为完全民事行为能力人

D. 由王军的父母承担赔偿责任，因为其父母没有尽到教育和监督职责

5. 大华商场委托飞达广告公司制作了一块广告牌，并由飞达公司负责安装在商场外墙。某日风大，广告牌被吹落砸伤过路人郑某。经查，广告牌的安装存在质量问题。关于郑某的损害，下列选项正确的是(　　)。

A. 大华商场承担赔偿责任，飞达公司承担补充赔偿责任

B. 飞达公司承担赔偿责任，大华商场承担补充赔偿责任

C. 大华商场承担赔偿责任，但其有权向飞达公司追偿

D. 飞达公司承担赔偿责任，大华商场不承担责任

6. 某大学学生甲去水房打水，回来途中遇见两个学生乙、丙在踢足球，为了使热水瓶不被足球踢碎，甲便将热水瓶高高举起，由于热水瓶的质量问题导致热水瓶突然爆裂，热水将甲、乙、丙三人烫伤，就三人遭受的损害，下列观点正确的是(　　)。

A. 甲可以向热水瓶的销售者、制造者要求承担损害赔偿责任

B. 甲也可以要求乙、丙承担损害赔偿责任

C. 乙、丙不可以向热水瓶的销售者、制造者要求承担损害赔偿责任

D. 乙、丙可以向甲要求承担损害赔偿责任

7. 某工厂向附近的一条小河排放工业废水，已经取得排污许可证。一次，由于技术员张某的错误操作，导致排出废水中的有害化学物质含量超标，工厂在河边装上围栏并贴出告示。以下表述正确的是(　　)。

A. 附近某村民甲因看管不严，其自家的牛越过围栏至河边饮水而死，应减轻该厂的赔偿责任

B. 数日后该河段水质接近正常，附近某村民乙的一头牛因饮此河水而患病，致使丧失耕作能力，该厂要承担赔偿责任

C. 该厂超标污染的河水流入附近某村民丙的农田，造成庄稼损失 2000 元，丙欲起诉，应将该厂和张某列为共同被告

D. 该厂超标排污致使附近丁村的农作物大面积死亡、牲畜大量伤亡，由此只发生民事赔偿

8. 张某从兴华商场买了一瓶红星肉联厂生产的熟食罐头，吃后中毒住院，花去住院费等共计 2000 元。经查，该批罐头由兴华商场委托迅捷运输公司运

回，该运输公司未采取冷藏措施，致使罐头有一定程度的变质。运回后兴华商场交由天天储存公司储存，天天储存公司也未采取冷藏措施，致使罐头进一步变质。本案中，张某应向(　　)请求赔偿。

A. 兴华商场或迅捷运输公司

B. 兴华商场或天天储存公司

C. 兴华商场或红星肉联厂

D. 天天储存公司或迅捷运输公司

9. 甲、乙各牵一头牛于一桥头相遇。甲见状即对乙叫道："让我先过，我的牛性子暴，让你的牛躲一躲。"乙说："不怕"，继续牵牛过桥，甲也牵牛上桥。结果二牛在桥上打架，乙的牛跌入桥下摔死。乙的损失应由(　　)。

A. 甲负全部赔偿责任

B. 乙自负责任

C. 双方按各自的过错程度承担责任

D. 双方按公平责任处理

10. 村民甲（18 周岁）路过村民乙家门口时，用一块石头向乙家所养且卧在乙家门口的狗打去，该狗立即扑向甲，甲因跑得快未被狗咬，但狗咬伤了甲旁边的行人丙。丙因躲避，将路边丁叫卖的西瓜踩碎 3 个。丙因治伤支付医药费 100 元。至于丙、丁的损失(　　)。

A. 丙的损失由甲赔偿，丁的损失由丙赔偿

B. 丙的损失由乙赔偿，丁的损失由丙赔偿

C. 丙的损失由甲和乙承担连带责任，丁的损失主要由甲赔偿，丙予以适当补偿

D. 丙的损失由甲和乙承担连带责任，丁的损失由甲赔偿

11. 甲将数箱蜜蜂放在自家院中槐树下采蜜。在乙家帮忙筹办婚宴的丙在帮乙喂猪时忘关猪圈，猪冲入甲家院内，撞翻蜂箱，使来甲家串门的丁被蜇伤，经住院治疗后痊愈。下列说法正确的是(　　)。

A. 仅甲应对丁的医疗费用承担全部民事责任

B. 仅乙应对丁的医疗费用承担全部民事责任

C. 仅丙应对丁的医疗费用承担全部民事责任

D. 甲和乙应对丁的医疗费用承担连带责任

12. 高中生钱某于 1980 年 9 月 2 日出生。1998 年 6 月 1 日，钱某在校将

同学李某打伤，致其花去医药费 2000 元。钱某毕业后进入一家炼钢厂工作。1999 年 2 月，李某起诉要求钱某赔偿医药费。该民事责任应由(　　)。

A. 钱某承担，因钱某在诉讼时已满 18 周岁，且有经济能力

B. 钱某之父承担，因钱某在侵权行为发生时未满 18 周岁，没有经济能力

C. 主要由钱某之父承担，钱某适当赔偿

D. 主要由钱某承担，钱某之父适当赔偿

13. 赵某将一匹易受惊吓的马赠给李某，但未告知此马的习性。李某在用该马拉货的过程中，雷雨大作，马受惊狂奔，将行人王某撞伤。下列选项正确的是(　　)。

A. 应由赵某承担全部责任

B. 应由李某承担责任

C. 应由赵某与李某承担连带责任

D. 应由李某承担主要责任，赵某也应承担一定的责任

14. 王某有一子，为初中一年级学生，在校期间因与同学刘某发生口角，追打刘某，致使刘某摔伤，共花去医药费 4800 元。这一费用应(　　)。

A. 由王某承担

B. 由学校承担

C. 主要由王某承担，学校若有过错，可责令学校给予适当赔偿

D. 主要由学校承担，王某若有过错，可责令王某给予适当赔偿

15. 小学生小杰和小涛在学校发生打斗，在场老师陈某未予制止。小杰踢中小涛腹部，致其脾脏破裂。下列选项正确的是(　　)。

A. 陈某未尽职责义务，应由陈某承担赔偿责任

B. 小杰父母的监护责任已转移到学校，应由学校承担赔偿责任

C. 学校和小杰父母均有过错，应由学校和小杰父母承担连带赔偿责任

D. 学校存在过错，应承担与其过错相应的补充赔偿责任

16. 小明在某饭店吃饭时，正在旋转的吊扇突然掉下一片扇叶，打在他的脸上，将其眼角划了一道很深的伤口，经医治后留下一道伤疤。小明为了恢复容貌，又进行了整容，共花去各种费用 3 万多元。小明要求饭店赔偿损失，但饭店认为吊扇是由某装修公司安装的，自己不应赔偿。经查吊扇扇叶脱落确系安装不当所致。小明已向法院起诉，下列处理正确的是(　　)。

A. 饭店向小明承担全部赔偿责任，但饭店可向装修公司追偿

B. 饭店承担的只能是侵权责任

C. 饭店承担主要赔偿责任，装修公司承担次要赔偿责任

D. 装修公司承担主要赔偿责任，饭店承担次要赔偿责任

17. 甲公司铺设管道，在路中挖一深坑，设置了路障和警示标志。乙驾车撞倒全部标志，致丙骑摩托车路经该地时避让不及而驶向人行道，造成丁轻伤。对丁的损失，下列选项正确的是(　　)。

A. 应由乙承担赔偿责任

B. 应由甲和乙共同承担赔偿责任

C. 应由乙和丙共同承担赔偿责任

D. 应由甲、乙和丙共同承担赔偿责任

18. 某电力公司管理的一台高压变压器位于路旁 20 米处，为防止他人接近，电力公司建造围墙将变压器围起，仅留一道小门供检修人员出入，门上挂有“高压危险”的标志，平时用锁将小门锁住，钥匙由检修工林某持有。一日林某将钥匙丢失，只得撬开锁进入墙内检修，离开时将门关上并用铁丝将门拴住。次日，王谦（11 岁）和李浩（10 岁）经过时，出于好奇，王谦扭断铁丝，两人进入围墙内玩耍，在玩耍中，李浩不幸被电流击中受伤，经抢救后双臂截肢。李浩的损失应由(　　)。

A. 电力公司应承担全部赔偿责任

B. 电力公司承担大部分赔偿责任，王谦的父母负担小部分赔偿责任

C. 电力公司承担大部分赔偿责任，林某承担小部分赔偿责任

D. 电力公司承担大部分赔偿责任，王谦和李浩的父母负担小部分赔偿责任

19. 大学生甲在寝室复习功课，隔壁寝室的学生乙、丙到甲寝室强烈要求甲打开电视观看足球比赛，甲只好照办。由于质量问题，电视机突然爆炸，甲、乙、丙三人均受重伤。下列选项正确的是(　　)。

A. 甲可要求电视机的销售者承担赔偿责任

B. 甲可要求乙、丙承担损害赔偿责任

C. 乙、丙无权要求电视机的销售者承担赔偿责任

D. 乙、丙有权要求甲承担损害赔偿责任

20. 甲、乙是同事，因工作争执甲对乙不满，写了一份丑化乙的短文发布在丙网站。乙发现后要求丙删除，丙不予理会，致使乙遭受的损害扩大。关于扩大损害部分的责任承担，下列说法正确的是(　　)。

A. 甲承担全部责任

B. 丙承担全部责任

C. 甲和丙承担连带责任

D. 甲和丙承担按份责任

21. 甲为父亲祝寿宴请亲友，请乙帮忙买酒，乙骑摩托车回村途中被货车撞成重伤，公安部门认定货车司机丙承担全部责任。经查，丙无赔偿能力。丁为货车车主，该货车一年前被盗，未买任何保险。关于乙人身损害的赔偿责任承担，下列选项正确的是(　　)。

A. 甲承担全部赔偿责任　　　　B. 甲予以适当补偿

C. 丁承担全部赔偿责任　　　　D. 丁予以适当补偿

22. 某小学组织春游，队伍行进中某班班主任张某和其他教师闲谈，未跟进照顾本班学生。该班学生李某私自离队购买食物，与小贩刘某发生争执被打伤。对李某的人身损害，下列说法正确的是(　　)。

A. 刘某应承担赔偿责任

B. 某小学应承担赔偿责任

C. 某小学应与刘某承担连带赔偿责任

D. 刘某应承担赔偿责任，某小学应承担相应的补充赔偿责任

23. 甲电器销售公司的安装工人李某在为消费者黄某安装空调的过程中，不慎从高处掉落安装工具，将路人王某砸成重伤。李某是乙公司的劳务派遣人员，此前曾多次发生类似小事故，甲公司曾要求乙公司另派他人，但乙公司未予换人。下列选项正确的是(　　)。

A. 对王某的赔偿责任应由李某承担，黄某承担补充责任

B. 对王某的赔偿责任应由甲公司承担，乙公司承担补充责任

C. 甲公司与乙公司应对王某承担连带赔偿责任

D. 对王某的赔偿责任承担应采用过错责任原则

二、多项选择题

1. 某商场家电部一员工在布置展台时，一通电的取暖器石英管突然爆裂，致其受伤。后查明事故原因是厂家不慎将几台质检不合格商品包装出厂。该员工欲通过诉讼向商家索赔，但不知是应以产品责任还是以产品质量瑕疵担保为由诉讼。下列关于两者区别的表述中正确的有(　　)。

A. 前者需要有现实损害，后者不需要

B. 前者属于侵权行为，后者属于违约行为

C. 前者的责任承担形式主要是损害赔偿，后者则主要为修理、更换

D. 前者可以直接向法院起诉，后者一般先向合同相对人要求补救或赔偿

2. 甲购买一辆汽车，在开回的路上，因刹车失灵而翻车受伤。在此情形下，甲可以(　　)。

A. 请求商家承担违约责任

B. 请求厂家同时承担违约责任和侵权责任

C. 请求厂家承担侵权责任

D. 请求厂家承担侵权责任，同时请求商家承担违约责任

3. 小甲6岁，父母离异，由其母抚养并与之共同生活。某日，小甲在幼儿园午餐时与小朋友小乙发生打斗，在场的带班老师丙未及时制止。小甲将小乙推倒在地，造成骨折，花去医药费3000元。小乙的父母欲以小甲的父母、幼儿园及丙为被告，要求赔偿。下列表述正确的有(　　)。

A. 小甲之母应承担赔偿责任

B. 小甲之父应承担连带赔偿责任

C. 幼儿园应给予适当赔偿

D. 丙应承担连带责任

4. 某机关法定代表人甲安排驾驶员乙开车执行公务，乙以身体不适为由拒绝。甲遂临时安排丙出车，丙在途中将行人丁撞成重伤。有关部门认定丙和丁对事故的发生承担同等责任。关于丁人身损害赔偿责任的承担，下列表述错误的有(　　)。

A. 甲用人不当应当承担部分赔偿责任

B. 乙不服从领导安排应当承担部分赔偿责任

C. 丙有过错应当承担部分赔偿责任

D. 该机关应当承担全部赔偿责任

5. 甲饲养的一只狗在乙公司施工的道路上追咬丙饲养的一只狗，行人丁避让中失足掉入施工形成的坑里，受伤严重。下列说法错误的有(　　)。

A. 如甲能证明自己没有过错，不应承担对丁的赔偿责任

B. 如乙能证明自己没有过错，不应承担对丁的赔偿责任

C. 如丙能证明自己没有过错，不应承担对丁的赔偿责任

D. 此属意外事件，甲、乙、丙均不应承担对丁的赔偿责任

6. 甲公司为劳务派遣单位，根据合同约定向乙公司派遣搬运工。搬运工丙脾气暴躁常与人争吵，乙公司要求甲公司更换丙或对其教育管理，甲公司不

予理会。一天，乙公司安排丙为顾客丁免费搬运电视机，丙与丁发生激烈争吵故意摔坏电视机。对此，下列说法错误的有(　　)。

A. 甲公司和乙公司承担连带赔偿责任

B. 甲公司承担赔偿责任，乙公司承担补充责任

C. 甲公司和丙承担连带赔偿责任

D. 丙承担赔偿责任，甲公司承担补充责任

7. 小偷甲在某商场窃得乙的钱包后逃跑，乙发现后急追。甲逃跑中撞上欲借用商场厕所的丙，因商场地板湿滑，丙摔成重伤。下列说法错误的有(　　)。

A. 小偷甲应当赔偿丙的损失

B. 商场须对丙的损失承担补充赔偿责任

C. 乙应适当补偿丙的损失

D. 甲和商场对丙的损失承担连带责任

8. 甲系某品牌汽车制造商，发现已投入流通的某款车型刹车系统存在技术缺陷，即通过媒体和销售商发布召回该款车进行技术处理的通知。乙购买该车，看到通知后立即驱车前往丙销售公司，途中因刹车系统失灵撞上大树，造成伤害。下列说法正确的有(　　)。

A. 乙有权请求甲承担赔偿责任　B. 乙有权请求丙承担赔偿责任

C. 乙有权请求惩罚性赔偿　　　D. 甲的责任是无过错责任

9. 甲赴宴饮酒，遂由有驾驶证的乙代驾其车，乙违章撞伤丙。交管部门认定乙负全责。以下假定情形中对丙的赔偿责任，表述正确的有(　　)。

A. 如乙是与甲一同赴宴的好友，乙不承担赔偿责任

B. 如乙是代驾公司派出的驾驶员，该公司应承担赔偿责任

C. 如乙是酒店雇用的为饮酒客人提供代驾服务的驾驶员，乙不承担赔偿责任

D. 如乙是出租车公司驾驶员，公司明文禁止代驾，乙为获高额报酬而代驾，乙应承担赔偿责任

10. 甲家盖房，邻居乙、丙前来帮忙。施工中，丙因失误从高处摔下受伤，乙不小心撞伤小孩丁。下列表述正确的有(　　)。

A. 对丙的损害，甲应承担赔偿责任，但可减轻其责任

B. 对丙的损害，甲不承担赔偿责任，但可在受益范围内予以适当补偿

C. 对丁的损害，甲应承担赔偿责任

D. 对丁的损害，甲应承担补充赔偿责任

三、简答题

1. 简述产品缺陷致人损害侵权行为的责任要件。
2. 简述饲养的动物致人损害责任的构成要件和免责事由。

四、案例分析题

1. 冯某家有一只巨型黑背犬。某日早上，冯某给狗戴上犬链，将狗牵到楼门口准备遛狗。此时，恰逢邻居张大妈出门，张大妈见狗很可爱便站在狗的前边观看，谁料这只狗一时兴起，竟扑向张大妈，老人在躲闪时不慎摔倒在地，致使右手腕、腰椎骨折，后住院治疗，支出医疗费共计 1.2 万元。张大妈请求冯某赔偿因此而支出的各项费用。冯某认为，当时狗虽有扑人的动作，但并没有碰到张大妈，而是张大妈自己不小心摔伤的，狗的主人没有过错。因此，冯某不同意承担赔偿责任。在此情况下，张大妈诉至某人民法院。请回答下列问题：

（1）冯某是否构成侵权责任？为什么？

（2）冯某应承担哪些赔偿责任？为什么？

2. 甲公司与乙公司签订仓储合同，约定由乙公司为甲公司保管一批浓硫酸。不料乙公司所在地突发地震，地震导致仓库坍塌，将储存浓硫酸的容器砸坏，浓硫酸泄漏，将丙家鱼塘中的鱼毒死，丙将死鱼打捞上来，出卖给丁。丁吃了毒死的鱼，导致中毒，其家人急忙送丁去医院，因为出租车司机王某拒载，只好搭乘李某的黑摩的（非法运营的三轮车）前往医院救治。李某的摩的违章驾驶，被正常驾车行驶的赵某撞上，致李某和丁均受伤。幸遇路人戊将李某和丁送往某医院。由于主治医生张某因工资纠纷心情不愉快，抢救过程中错拿药品，丁经抢救无效死亡，经查，丁是由于内脏严重受撞击，得不到及时救治而死的。戊新购买的西服被血渍弄脏，戊请求赔偿不成，引发纠纷。交通事故经交警部门认定，李某对交通事故负全部责任。请回答下列问题：

（1）甲公司的浓硫酸损失应由谁承担？

（2）丙家鱼塘鱼死造成的损失应由谁承担？为什么？

（3）丁中毒应由谁承担责任？为什么？

（4）戊的行为性质应当如何认定？其所遭受的损失应当由谁承担？为什么？

（5）应由谁对丁的死亡承担责任？为什么？

答案与解析

一、单项选择题

1. C 【解析】根据《侵权责任法》第32条规定,《侵权责任法》第40条规定,正确答案为C。

2. A 【解析】本题主要涉及雇主责任问题。根据《侵权责任法》第35条的规定,个人之间形成劳务关系,提供劳务一方因劳务造成他人损害的,由接受劳务一方承担侵权责任。提供劳务一方因劳务自己受到损害的,根据双方各自的过错承担相应的责任。故正确答案为A。

3. A 【解析】《侵权责任法》第85条规定,建筑物、构筑物或者其他设施及其搁置物、悬挂物发生脱落、坠落造成他人损害,所有人、管理人或者使用人不能证明自己没有过错的,应当承担侵权责任。所有人、管理人或者使用人赔偿后,有其他责任人的,有权向其他责任人追偿。故该损失由甲公司承担,如果查明属于制作安装的原因,可以向广告牌的制作安装公司追偿。故正确答案为A。

4. C 【解析】根据《侵权责任法》第32条规定,无民事行为能力人、限制民事行为能力人造成他人损害的,由监护人承担侵权责任。监护人尽到监护责任的,可以减轻其侵权责任。《民法总则》第18条规定,十六周岁以上的未成年人,以自己的劳动收入为主要生活来源的,视为完全民事行为能力人。因为王军被视为完全民事行为能力人,其自己应独立承担民事责任。故正确答案为C。

5. C 【解析】根据《侵权责任法》第85条规定,大华商场作为该广告牌的所有人,其负有管理的责任,应由其承担损害赔偿责任。但是鉴于该损害是由于飞达公司安装质量问题所致,因此该损害赔偿责任由大华商场承担后,有权向有过错的飞达公司追偿。故正确答案为C。

6. A 【解析】根据《侵权责任法》第43条规定,无论甲还是乙、丙,都可以要求销售者或者制造者承担侵权责任。但是需要注意D项不是正确答案,因为甲对乙、丙的伤害要承担责任的前提必须符合一般侵权行为的构成要件。而在本题中,甲并没有任何过错,所以不承担责任。至于B项也是错误的,因为乙、丙的行为是暖水瓶爆裂的一个诱因,但不构成爆裂的原因,故乙、丙对甲不承担责任。故正确答案为A。

7. A 【解析】《侵权责任法》第65条规定,因污染环境造成损害的,污染者应当承担侵权责任。第66条规定，因污染环境发生纠纷，污染者应当就法律规定的不承担责任或者减轻责任的情形及其行为与损害之间不存在因果关系承担举证责任。第26条规定，被侵权人对损害的发生也有过错的，可以减轻侵权人的责任。在本题中，工厂已经在河边装上围栏并贴出告示，但甲因看管不严，导致损失发生，故应减轻工厂的赔偿责任。故正确答案为A。

8. C 【解析】本题考查产品质量不合格致损的民事责任。根据《侵权责任法》第43条的规定，第44条规定，虽然最后运输企业和仓储企业要承担民事责任，但是只能由生产企业或销售企业向其主张，而不能由消费者主张。故正确答案为C。

9. C 【解析】本题考查动物致人损害的民事责任、混合过错。根据《侵权责任法》第78条的规定，饲养的动物造成他人损害的，动物饲养人或者管理人应当承担侵权责任，但能够证明损害是因被侵权人故意或者重大过失造成的，可以不承担或者减轻责任。第26条规定，被侵权人对损害的发生也有过错的，可以减轻侵权人的责任。在本题中，甲的牛打架致乙的牛跌入桥下摔死，甲应承担赔偿责任，同时，甲警告过乙，乙没有听从，故乙也有一定的过错，应当自己承担一定的责任。故正确答案为C。

10. D 【解析】本题考查饲养动物致人损害的民事责任、紧急避险的责任承担。根据《侵权责任法》第83条与第31条的规定，丙躲闪的行为属于紧急避险。由于险情是由第三人引起的，应当由第三人承担责任。故正确答案为D。

11. D 【解析】根据《侵权责任法》第78条、第83条规定，《最高人民法院关于审理人身损害赔偿案件适用法律若干问题解释》第13条的规定，甲的蜜蜂蜇伤丁，甲应承担赔偿责任；同时，第三人丙因过失造成丁的损害，该损失由被帮工人乙承担。故正确答案为D。

12. A 【解析】本题考查限制民事行为能力人致损的民事责任。根据《中华人民共和国民法通则若干问题的意见（试行）》第161条的规定，侵权行为发生时行为人不满18周岁，在诉讼时已满18周岁，并有经济能力的，应当承担民事责任。由于钱某已经工作，应当认定其有经济能力，所以，由钱某自己承担责任。如果钱某没有参加工作，则应当由其原监护人承担责任。故正确答案为A。

13. B 【解析】本题考查赠与人就赠与物瑕疵所承担责任的限制。根据《合同法》第191条规定："赠与的财产有瑕疵的，赠与人不承担责任。……赠与人故意不告知瑕疵或者保证无瑕疵，造成受赠人损失的，应当承担损害赔偿责任。"在本题中，赠与人赵某不对马匹瑕疵承担责任，因此李某是唯一的责任人。故正确答案为B项。

14. C 【解析】根据《侵权责任法》第40条规定，无民事行为能力人或者限制民事行为能力人在幼儿园、学校或者其他教育机构学习、生活期间，受到幼儿园、学校或者其他教育机构以外的人员人身损害的，由侵权人承担侵权责任；幼儿园、学校或者其他教育机构未尽到管理职责的，承担相应的补充责任。故正确答案为C。

15. D 【解析】根据《侵权责任法》第32条规定，小杰父母应当承担无过错责任，B、C两项错误。陈某对未成年人的监管属于执行职务行为，其监管不周，应依《侵权责任法》第34条的规定，由其所属的学校承担相应责任，A项错误。根据《侵权责任法》第40条规定，对于小涛因小杰的侵权行为而遭受的损害，学校应当承担与其过错相应的补充责任。故正确答案为D。

16. A 【解析】根据《侵权责任法》第85条的规定，饭店作为建筑物的所有人或管理人，对建筑物的悬挂物脱落致人损害应承担责任。如果能证明是由装修公司的过错造成的，可以向装修公司追偿。另外，小明与饭店还存在合同关系，小明还可以违约之诉请求饭店承担赔偿责任。故正确答案为A。

17. A 【解析】根据《侵权责任法》第91条规定，在公共场所或者道路上挖坑、修缮安装地下设施等，没有设置明显标志和采取安全措施造成他人损害的，施工人应当承担侵权责任。本题中，甲公司作为施工人已经设置了明显标志并采取了安全措施，因此不对丁的损害承担责任，故B、D两项错误。乙对丁损害的发生具有过错，丙无过错，根据《侵权责任法》第6条的规定，行为人因过错侵害他人民事权益，应当承担侵权责任。故只应由乙承担赔偿责任。故正确答案为A。

18. D 【解析】根据《侵权责任法》第73条的规定，从事高空、高压、地下挖掘活动或者使用高速轨道运输工具造成他人损害的，经营者应当承担侵权责任，但能够证明损害是因受害人故意或者不可抗力造成的，不承担责任。被侵权人对损害的发生有过失的，可以减轻经营者的责任。因王谦和李浩的父母存在一定的过错，故应适当减轻电力公司的责任。故正确答案为D。

19. A 【解析】根据《侵权责任法》第43条的规定，因产品存在缺陷造成损害的，被侵权人可以向产品的生产者请求赔偿，也可以向产品的销售者请求赔偿。故A项正确。乙、丙请求打开电视看足球赛，对损害的发生并无过错，不承担赔偿责任，故B项不正确。乙、丙作为受害者同样有权要求电视机的销售者承担赔偿责任，故C项不正确；甲虽是电视机的所有权人，但没有任何过错，不承担责任。故正确答案为A。

20. C 【解析】根据《侵权责任法》第36条第2款的规定，网络用户利用网络服务实施侵权行为的，被侵权人有权通知网络服务提供者采取删除、屏蔽、断开链接等必要措施。网络服务提供者接到通知后未及时采取必要措施的，对损害的扩大部分与该网络用户承担连带责任。故正确答案为C。

21. B 【解析】根据《最高人民法院关于审理人身损害赔偿案件适用法律若干问题的解释》第14条第2款的规定，帮工人因第三人侵权遭受人身损害的，由第三人承担赔偿责任。第三人不能确定或者没有赔偿能力的，可以由被帮工人予以适当补偿。故B项正确，A项不正确。根据《侵权责任法》第52条的规定，盗窃机动车发生交通事故造成损害的，由盗窃人承担赔偿责任。丁作为登记的货车车主，不承担任何责任。故C、D两项错误。故正确答案为B。

22. D 【解析】根据《侵权责任法》第40条的规定，学生李某被小贩刘某打伤，应由刘某承担赔偿责任，同时，班主任张某因闲谈未管理好本班学生，故学校也要承担与其过错相适应的补充赔偿责任。故正确答案为D。

23. B 【解析】《侵权责任法》第34条规定，用人单位的工作人员因执行工作任务造成他人损害的，由用人单位承担侵权责任。劳务派遣期间，被派遣的工作人员因执行工作任务造成他人损害的，由接受劳务派遣的用工单位承担侵权责任；劳务派遣单位有过错的，承担相应的补充责任。故正确答案为B。

二、多项选择题

1. ABC 【解析】本题考查产品质量不合格致人损害的民事责任、侵权责任与违约责任的区别。产品责任属于侵权责任的范畴，而产品质量瑕疵则属于违约责任的范畴。本题中A、B、C三项是侵权责任与违约责任的差别。故A、B、C三项正确。无论是侵权行为还是违约行为，都可以直接向法院起诉，也可以向相对人要求补救或赔偿，故D项不正确。故正确答案为ABC。

2. AC 【解析】本题考查产品质量不合格致人损害的民事责任和违约责任与侵权责任的竞合。根据《民法总则》第186条的规定，因当事人一方的违约行为，损害对方人身权益、财产权益的，受损害方有权选择请求其承担违约责任或者侵权责任，故B项错误。另根据《侵权责任法》第43条的规定，厂家和商家承担连带侵权责任，故D项错误。故正确答案为AC。

3. AC 【解析】作为未成年人的小甲，其给他人造成损害，应当由其监护人承担民事责任。《民通意见》第158条规定："夫妻离婚后，未成年子女侵害他人权益的，同该子女共同生活的一方应当承担民事责任；如果独立承担民事责任确有困难的，可以责令未与该子女共同生活的一方共同承担民事责任。"因此，应当由小甲之母亲承担赔偿责任。无民事行为能力人或者限制民事行为能力人在幼儿园、学校或者其他教育机构学习、生活期间，受到幼儿园、学校或者其他教育机构以外的人员人身损害的，由侵权人承担侵权责任；幼儿园、学校或者其他教育机构未尽到管理职责的，承担相应的补充责任。丙是幼儿园的员工，其不直接对受害人承担责任，在幼儿园承担责任后，可以向丙追偿。故正确答案为AC。

4. ABCD 【解析】根据《侵权责任法》第34条的规定，用人单位的工作人员因执行工作任务造成他人损害的，由用人单位承担侵权责任。因有关部门认定丙和丁对事故的发生承担同等责任。故该机关承担一半责任，丁承担一半责任。A、B、C、D四项均不正确。本题为选非题，故正确答案为ABCD。

5. ACD 【解析】根据《侵权责任法》第78条，甲和丙作为动物饲养人应承担无过错责任，故ACD错误。根据《侵权责任法》第91条规定，在公共场所或者道路上挖坑、修缮安装地下设施等，没有设置明显标志和采取安全措施造成他人损害的，施工人应当承担侵权责任。故施工人能证明自己没有过错的，不承担赔偿责任，故B项正确。本题为选非题，故正确答案为ACD。

6. ABCD 【解析】根据《侵权责任法》第34条第2款规定，丙作为被派遣人员在执行工作任务时造成他人损害，由接受劳务派遣的用工单位乙公司承担侵权责任。乙公司要求甲公司更换丙或对其教育管理，甲公司不予理会，说明劳务派遣单位甲公司也有过错，应当承担相应的补充责任。本题为选非题，故正确答案为ABCD。

7. CD 【解析】丙被小偷甲撞倒而摔成重伤，小偷甲应承担赔偿责任，这是没有疑问的，A项正确。商场有义务保障顾客的人身安全，商场地面湿滑，说明商场并未尽到安全保障义务，商场应对丙的损失承担补充赔偿责任，B项的表述正确。乙对丙的损害不存在过错，也不属于法律规定应当承担责任的情形，所以，乙不需要补偿丙的损失，C项的表述错误。B项正确则D项错误。本题为选非题，故正确答案为CD。

8. ABD 【解析】根据《侵权责任法》第43条第1款的规定，产品缺陷造成损害的，被侵权人可以要求生产者赔偿，也可以要求销售者赔偿，所以A、B两项正确。《侵权责任法》第47条规定，生产者、销售者仅在故意且给被侵权人造成严重健康损失时，才承担惩罚性赔偿责任，所以C项错误。《侵权责任法》第41条规定，生产者承担无过错赔偿责任，所以D项正确。故正确答案为ABD。

9. BC 【解析】根据《中华人民共和国道路交通安全法》第76条第1款规定：本题中撞伤丙，应由机动车一方承担责任。但甲和乙之间的责任承担，根据《侵权责任法》第49条、第50条以及《最高人民法院关于审理道路交通事故损害赔偿案件适用法律若干问题的解释》第1条、第2条、第4条规定，原则上由机动车驾驶人一方承担责任，他人只在有过错的情况下才承担相应的责任。据此，本题中 A、B、C、D 四项均由乙一方承担责任，故 A 项错误。《侵权责任法》第 34 条第 1 款规定：“用人单位的工作人员因执行工作任务造成他人损害的，由用人单位承担侵权责任。”B、C 两项中的乙均为执行职务行为，其给丙造成的损失应由其用人单位承担，因此 B、C 两项均正确。D 项中，虽然公司明文禁止代驾，且乙是为获高额报酬而代驾，但这属于公司内部事务，对外仍应由出租车公司对丙承担赔偿责任，由于乙严重违反公司的规章制度，具有过错，待公司对丙赔偿之后可向乙追偿，故 D 项错误。故正确答案为 BC。

10. AC　**【解析】**《侵权责任法》第 35 条规定，个人之间形成劳务关系，提供劳务一方因劳务造成他人损害的，由接受劳务一方承担侵权责任。提供劳务一方因劳务自己受到损害的，根据双方各自的过错承担相应的责任。本题中，乙、丙与甲构成劳务关系，尽管这种劳务关系可能是无偿的，但并不影响构成劳务关系。故正确答案为 AC。

三、简答题（略）

四、案例分析题

1. **【答案要点】**

（1）冯某构成了侵权责任。在本案中，狗虽没有咬到张大妈，但狗扑向张大妈的动作是造成其摔倒骨折的直接原因，而且张大妈站在狗的前边观看，并没有过错。对损害的发生既不是故意的，也没有重大过失，故狗的主人冯某应当承担侵权责任。

（2）冯某应当赔偿张大妈的医疗费 1.2 万元，除此之外，还应赔偿康复、误工等费用。

2. **【答案要点】**

（1）由甲公司自己承担责任；根据《侵权责任法》第 29 条的规定，因不可抗力造成他人损害的，不承担责任。法律另有规定的，依照其规定。另根据《侵权责任法》第 72 条的规定，占有或者使用易燃、易爆、剧毒、放射性等高度危险物造成他人损害的，占有人或者使用人应当承担侵权责任，但能够证明损害是因受害人故意或者不可抗力造成的，不承担责任。在本题中，甲公司的损失是由不可抗力造成的，乙公司不承担责任，损失由甲公司自负。

（2）丙家鱼塘自己承担损失。理由和法律依据同（1）。

（3）由丙承担。因为丙作为出卖人，故意出售有毒的食品，违反了质量瑕疵担保责任，应当对丁中毒承担赔偿责任。

(4) 戊的行为构成无因管理，其所受到的损失应当由李某和丁承担赔偿责任。戊有权要求受益人李某和丁偿付由此而支付的必要费用。

(5) 由李某和医院对丁的死亡承担赔偿责任。根据《侵权责任法》第12条的规定，二人以上分别实施侵权行为造成同一损害，能够确定责任大小的，各自承担相应的责任；难以确定责任大小的，平均承担赔偿责任。本题中，李某的行为和张某的行为结合在一起，共同导致丁的死亡。张某作为医院的工作人员，其履行职责过程中造成的责任由医院承担。故应根据李某和医院的作用力及过错大小，分别承担相应的赔偿责任。

第33章　侵权责任的承担

一、单项选择题

1. 某甲将自己的花盆放在三楼办公室办公桌上，因公外出期间，某乙将其花盆移放窗外没有放稳，花盆被风吹落，砸伤楼下小孩，花去医疗费用200元。此费用应由(　　)。

A. 某甲承担

B. 某乙承担

C. 某甲与某乙共同承担

D. 某甲、某乙与小孩的监护人共同承担

2. 为维护国家、集体或者他人合法权益而使自己受到损害，受害人提出请求的，人民法院应当(　　)。

A. 在侵害人无力赔偿的情况下，如果受害人提出请求的，人民法院应当驳回请求

B. 在侵害人无力赔偿的情况下，如果受害人提出请求的，人民法院仍应当判决侵害人赔偿损失

C. 在没有侵害人的情况下，人民法院应当责令有关部门给予补偿

D. 在侵害人无力赔偿或没有侵害人的情况下，有受益人的，人民法院可以根据受益人受益的多少及其经济状况，责令受益人给予适当补偿

3. 某供电局架设的一条高压线在台风中被吹断，致附近一居民触电身亡，则此损害(　　)。

A. 由受害者自行承担　　B. 由供电局承担

C. 由双方分担　　D. 由受害方承担，供电局予以适当补偿

4. 陈家因电线陈旧不慎失火，幼子被困在屋内，其父陈某从院内铁丝上揭取邻家晾晒的毛毯，浸湿后冲入屋内救出孩子，毛毯被烧坏。邻家要求赔偿损失100元，陈某以紧急避险为由拒赔。邻家起诉，法院应(　　)。

A. 判决陈某赔偿100元

B. 驳回邻家请求

C. 判决陈某和邻家各承担 50 元

D. 由陈某补偿 100 元

5. 甲搬家公司指派员工郭某为徐某搬家，郭某担心人手不够，请同乡蒙某帮忙。搬家途中，因郭某忘记拴上车厢挡板，蒙某从车上坠地受伤。下列选项正确的是(　　)。

A. 应由郭某承担赔偿责任

B. 应由甲公司承担赔偿责任

C. 应由甲公司与郭某承担连带责任

D. 应由甲公司与徐某承担连带责任

6. 某市市政公司为安装管道，在街道上挖掘坑道，并于坑道两侧设置了障碍物和夜间警示灯。某夜，司机许某酒后驾车，撞毁了障碍物和夜间警示灯后逃逸。随后骑自行车经过的秦某摔入坑道中，造成腿骨骨折，其损失应(　　)。

A. 由市政公司赔偿

B. 由许某赔偿

C. 由市政公司和许某承担连带责任

D. 由秦某自己承担

7. 甲忘带家门钥匙，邻居乙建议甲从自家阳台攀爬到甲家，并提供绳索以备不测，丙、丁在场协助固定绳索。甲在攀越时绳索断裂，从三楼坠地致重伤。甲诉至法院。下列说法正确的是(　　)。

A. 法院可以酌情让乙承担部分赔偿责任

B. 损害后果应由甲自行承担

C. 应由乙承担主要责任，丙、丁承担补充责任

D. 应由乙、丙、丁承担连带赔偿责任

8. 甲是某公司的司机，在驾车送货的途中，因超速行驶将横穿马路（未走斑马线）的乙撞伤。下列说法中正确的是(　　)。

A. 甲应赔偿乙遭受的全部损失

B. 乙应自行承担全部损失

C. 甲、乙共同对损害结果承担责任

D. 乙与某公司共同承担责任

9. 甲将摄录自己婚礼庆典活动的仅有的一盘录像带交给个体户乙制作成 VCD 保存，乙的店铺因丙抽烟不慎失火烧毁，导致录像带灭失。下列说法正确的是(　　)。

A. 甲可对乙提起违约之诉，并请求精神损害赔偿

B. 甲可对乙提起侵权之诉，并请求精神损害赔偿

C. 甲只能对丙提起侵权之诉，并请求精神损害赔偿

D. 甲可对乙提起违约之诉或侵权之诉，不能请求精神损害赔偿

二、多项选择题

1. 因紧急避险造成损害的，(　　)。

A. 如果险情的发生是由于自然人的行为，由引起险情发生的人承担民事责任

B. 如果危险是由自然原因引起的，紧急避险人可以不承担民事责任

C. 如果危险是由自然原因引起的，紧急避险人可以给予适当的补偿

D. 因紧急避险采取措施不当或者超过必要的限度，造成不应有的损害的，紧急避险人应当承担民事责任

2. 在下列事由中，既可适用于一般侵权的民事责任，又可适用于特殊侵权的民事责任的抗辩事由有(　　)。

A. 意外事件　　B. 不可抗力

C. 正当防卫　　D. 受害人过错

3. 张某从乙商店购买了一瓶甲厂生产的啤酒，因啤酒瓶质量不合格，在开瓶时突然爆裂，致使张某脸部受伤，则(　　)。

A. 张某可直接要求产品制造者甲厂承担责任

B. 张某可要求乙商店承担损害赔偿责任

C. 若酒瓶质量下降是因运输公司运输啤酒时方法不当造成的，甲厂、乙商店有权要求运输公司赔偿损失

D. 张某有权请求精神损害赔偿

4. 李某在与张某的斗殴中被打伤，经抢救无效死亡，张某应赔偿(　　)。

A. 李某的抢救费 500 元和丧葬费 80 元

B. 李父（50 周岁，工人）的扶养费，每月若干元

C. 李妻（28 周岁，工人）的扶养费，每月若干元

D. 李子（6 周岁）的抚养费，每月若干元

5. 下列关于正当防卫与紧急避险的说法中正确的有(　　)。

A. 其目的都是保护公共利益、本人或他人的合法权益

B. 其前提都必须是合法权益正在遭受侵害

C. 都不能超过必要的限度，构成不应有的损害

D. 危险的来源都是一样的

6. 在以下情形中，当事人向人民法院起诉请求赔偿精神损害的，人民法院应当依法予以受理的有(　　)。

A. 李某到超市购物，无故被超市保安怀疑，保安对她进行搜身检查

B. 张某与邻居贾某吵架，张某怀恨在心，用硫酸将贾某毁容

C. 赵某是有名的国画大师，德高望重。他病故后，康某在《艺海风云》一书中将赵某刻画成一个无恶不作、欺世盗名的民间艺人

D. 钱某搬家时，搬家公司不小心将他家的景泰蓝花瓶摔碎

7. 李某赶着马车运货，某食品店开业燃放爆竹（该地并不禁止燃放爆竹），马受惊，带车向前狂奔，李某拉扯不住，眼看惊马向刚放学的小学生冲去，张某见状拦住惊马，但是被惊马踢伤。关于张某的损害，下列选项正确的有(　　)。

A. 李某应承担赔偿责任

B. 李某和食品店应承担连带赔偿责任

C. 如李某无力赔偿，张某有权要求小学生的监护人适当补偿

D. 李某承担赔偿责任，食品店承担补充赔偿责任

8. 甲女委托乙公司为其拍摄一套艺术照。不久，甲女发现丙网站有其多张半裸照片，受到众人嘲讽和指责。经查，乙公司未经甲女同意将其照片上传到公司网站做宣传，丁男下载后将甲女头部移植至他人半裸照片，上传到丙网站。下列说法正确的有(　　)。

A. 乙公司侵犯了甲女的肖像权

B. 丁男侵犯了乙公司的著作权

C. 丁男侵犯了甲女的名誉权

D. 甲女有权主张精神损害赔偿

9. 甲因病突然昏倒在马路中央，乙见状对其实施紧急救助，在救助中不慎将甲的手机摔坏。则下列说法错误的有(　　)

A. 乙属于紧急救助，对甲的手机损失不需要承担民事责任

B. 乙的行为构成侵权，对甲的手机损失应承担侵权责任

C. 乙的行为不构成侵权，但对甲的损失需要予以合理补偿

D. 此案适用公平责任原则，由甲、乙分担损失

三、简答题

1. 简述侵权法上的惩罚性赔偿及其立法理由。
2. 简述侵权责任与违约责任的区别。
3. 简述受害人过错对加害人侵权责任的影响。
4. 简述侵权责任的抗辩事由。

答案与解析

一、单项选择题

1. B 【解析】根据《侵权责任法》第 85 条规定，建筑物、构筑物或者其他设施及其搁置物、悬挂物发生脱落、坠落造成他人损害，所有人、管理人或者使用人不能证明自己没有过错的，应当承担侵权责任。因为某甲能够证明是某乙的过错导致花盆掉落，其自身没有过错，故由某乙承担责任。故正确答案为 B。

2. D 【解析】根据《侵权责任法》第 23 条的规定，因防止、制止他人民事权益被侵害而使自己受到损害的，由侵权人承担责任。侵权人逃逸或者无力承担责任，被侵权人请求补偿的，受益人应当给予适当补偿。故正确答案为 D。

3. D 【解析】根据《侵权责任法》第 73 条的规定，从事高空、高压、地下挖掘活动或者使用高速轨道运输工具造成他人损害的，经营者应当承担侵权责任，但能够证明损害是因受害人故意或者不可抗力造成的，不承担责任。被侵权人对损害的发生有过失的，可以减轻经营者的责任。因为台风属于不可抗力，供电局不承担责任，但从公平的角度出发，供电局应给予适当的补偿。故正确答案为 D。

4. A 【解析】根据《侵权责任法》第 31 条规定，因紧急避险造成损害的，由引起险情发生的人承担责任。如果危险是由自然原因引起的，紧急避险人不承担责任或者给予适当补偿。紧急避险采取措施不当或者超过必要的限度，造成不应有的损害的，紧急避险人应当承担适当的责任。本题中，陈某既是引起险情的人，又是紧急避险人，故应由陈某承担赔偿责任。故正确答案为 A。

5. B 【解析】根据《侵权责任法》第 34 条的规定，用人单位的工作人员因执行工作任务造成他人损害的，由用人单位承担侵权责任。郭某为甲公司的员工，其在执行工作任务中致人损害，应由甲公司承担赔偿责任。故正确答案为 B。

6. B 【解析】根据《侵权责任法》第 91 条规定，在公共场所、道旁或者通道上挖坑，修缮安装地下设施等，没有设置明显标志和采取安全措施造成他人损害的，施工人应当承担民事责任。在本题中，市政公司已尽到安全防护义务，没有过错，故市政公司不承担责任。许某酒后驾车，撞毁障碍物和夜间警示灯后逃逸，具有明显的过错，故应由许某承担赔偿责任。故正确答案为 B。

7. A 【解析】本题中，甲明知攀爬有危险而仍然冒险攀爬的行为是导致其摔伤的主因，应由其自行承担大部分责任，丙、丁没有过错，无须承担责任。乙出主意并提供绳索，有一定的过错，应酌情承担部分次要责任。故正确答案为 A。

8. D 【解析】本题中甲违章驾驶的行为是在履行职务过程中发生的，其给乙所造成的损害应由公司负责任。本题中乙横穿马路，未走斑马线也有过错。根据《侵权责任法》第 26 条的规定，应认定甲、乙是混合过错，乙与某公司应根据各自的过错程度共同承担责任。

9. B 【解析】。

首先，本案中，甲将摄录自己婚礼庆典活动的仅有的一盘录像带交给个体户乙制作成 VCD 保存，双方已经建立了加工承揽的合同关系，因此，在录像带灭失后，甲可以根据合同主张违约责任。另外，录像带是甲的合法财产，在乙保管期间灭失，乙应当承担侵权损害赔偿责任。根据《合同法》第 122 条的规定，甲可以在违约之诉和侵权之诉中选择一种来补偿自己的损害。C 项错误。

其次，根据《最高人民法院关于确定民事侵权精神损害赔偿责任若干问题的解释》第 4 条的规定，因火灾而灭失的录像带摄录了甲自己的婚礼庆典活动，且是唯一的录像带，因而具有特定的人格象征意义，符合精神损害赔偿时特定标的物的要求。因此，甲如果提起侵权之诉，可以同时请求精神损害赔偿。B 项正确。

最后，从违约之诉的赔偿范围来看，根据《合同法》第 107 条的规定，违约责任不包括精神损害赔偿，本案受害人甲如果提起违约之诉，则不能同时主张精神损害赔偿。A、D 两项错误。故正确答案为 B。

二、多项选择题

1. ABCD 【解析】根据《侵权责任法》第 31 条的规定，正确答案为 ABCD。

2. BCD 【解析】不可抗力、正当防卫和受害人过错既适用于一般侵权责任，又适用于特殊侵权责任。而意外事件仅仅适用于一般侵权责任。故正确答案为 BCD。

3. ABCD 【解析】根据《侵权责任法》第 43 条的规定，因产品存在缺陷造成损害的，被侵权人可以向产品的生产者请求赔偿，也可以向产品的销售者请求赔偿。第 44 条规定，因运输者、仓储者等第三人的过错使产品存在缺陷，造成他人损害的，产品的生产者、销售者赔偿后，有权向第三人追偿。故A、B、C三项正确，鉴于张某脸部受伤，精神损害比较严重，故有权请求精神损害赔偿。故正确答案为ABCD。

4. AD 【解析】根据《侵权责任法》第16条的规定，侵害他人造成人身损害的，应当赔偿医疗费、因误工减少的收入。造成死亡的，并应当支付丧葬费，死者生前抚养的人必要的生活费用。因李父和李妻是具有劳动能力的成年人，无须扶养。A、D两项正确，B、C两项错误。

5. ABC 【解析】正当防卫与紧急避险的共同点在于：两者都是为了保护公共利益、本人或他人的合法权益；两者的前提都必须是合法权益正在遭受侵害；两者都不能超过必要的限度，构成不应有的损害等。但正当防卫与紧急避险的危险来源不同，正当防卫的危险来源于侵害人的不法侵害行为；紧急避险的危险来源于现实存在的某种有可能立即对合法权益造成损害的紧迫事实状态。故正确答案为ABC。

6. ABC 【解析】侵害名誉权、隐私权、健康权等人格权情节严重的，受害人可以主张精神损害赔偿。损毁具有人格象征意义的物品，受害人可以主张精神损害赔偿，在本题中，钱某家的景泰蓝花瓶虽然贵重，但不具有人格象征意义，可以主张赔偿经济损失，但不得主张精神损害赔偿。故正确答案为ABC。

7. AC 【解析】本题适用《侵权责任法》第31条、第78条和《最高人民法院关于审理人身损害赔偿案件适用法律若干问题的解释》第15条，故正确答案为AC。

8. ABCD 【解析】乙公司以营利为目的使用甲的肖像，构成侵害甲的肖像权的侵权行为，所以A选项正确。丁男的行为使得甲受到众人的嘲讽和指责，使甲的名誉受损，侵害了甲的名誉权，所以C选项正确。根据《著作权法》的规定，摄影作品受著作权法保护，丁男故意改变乙公司的照片信息，侵害了著作权人的改编权，所以B选项正确。甲受到严重的精神伤害，按照《侵权责任法》第22条及《最高人民法院关于确定民事侵权精神损害赔偿责任若干问题的解释》的规定，甲有权主张精神损害赔偿，所以D项正确。故正确答案为ABCD。

9. BCD 【解析】根据《民法总则》第184条的规定，因自愿实施紧急救助行为造成受助人损害的，救助人不承担民事责任。本题为选非题，故正确答案为BCD。

三、简答题（略）